25 ग्लोबल ब्रांड

सौ साल बाद भी शिखर पर

25 ग्लोबल ब्रांड

सौ साल बाद भी शिखर पर

प्रकाश बियाणी
कमलेश माहेश्वरी

राजकमल प्रकाशन

ISBN : 978-81-267-3000-1

मूल्य : ₹195

पहला संस्करण : 2017
प्रकाशक : राजकमल प्रकाशन प्रा. लि.
1-बी, नेताजी सुभाष मार्ग, दरियागंज
नई दिल्ली-110 002
शाखाएँ : अशोक राजपथ, साइंस कॉलेज के सामने, पटना-800 006
पहली मंजिल, दरबारी बिल्डिंग, महात्मा गांधी मार्ग, इलाहाबाद-211 001
36 ए, शेक्सपियर सरणी, कोलकाता-700 017
वेबसाइट : www.rajkamalprakashan.com
ई-मेल : info@rajkamalprakashan.com
मुद्रक : बी.के. ऑफ़सेट
नवीन शाहदरा, दिल्ली-110 032
PACHIS GLOBAL BRAND Sau Sall Baad Bhi Shikhar Par
by Prakash Biyani/Kamlesh Maheshwari

माँ को

प्रकाश बियाणी
सुनीता बियाणी

बर्निंग से ब्रांडिंग और बांडिंग तक सात वचन

कहां से आया 'ब्रांड' शब्द? जब हमने Google पर इसकी खोज की तो पता चला कि ब्रांड शब्द की उत्पत्ति 'brandr' से हुई, जो बना है 'burn' यानी 'जलाना' शब्द से। इसके पीछे यह तथ्य सामने आया कि प्रारंभिक व्यापार काल में कारोबारी अपने प्रॉडक्ट्स पर अपना मार्का लगाने के लिए 'दाग प्रक्रिया' अपनाते थे। यही 'बर्न' यानी दाग कालांतर में 'ब्रांड' शब्द बन गया।

जिन खोजा तिन पाईयां

यह भी दिलचस्प है कि दुनिया का सबसे पुराना ब्रांड कौन-सा है, जो आज तक अस्तित्व में है! इस सचाई की खोज में भी Google पर सर्च किया तो पता चला कि यह श्रेय तो अपने ही देश को मिल रहा है। सामने आया 'यवनप्राश' का नाम। रिसर्च से पता चला कि उत्तर भारत में अरावली पर्वत श्रृंखला के एक सुप्त ज्वालामुखी के पास महर्षि च्यवन का आश्रम था। वहां उन्होंने 46 जड़ी-बूटियों से एक ऐसा फार्मुलेशन बनाया, जो चिर-यौवन को बनाए रखता था। महर्षि च्यवन के नाम से ही इस प्राश का नाम 'च्यवनप्राश' पड़ा। वैदिक काल से

लेकर आज तक दर्जनों कंपनियों ने इस फार्मुलेशन से जो पोषक पदार्थ बनाया, उसे 'च्यवनप्राश' के नाम से ही बेचा। यह सिलसिला आज तक जारी है। ब्रांड च्यवनप्राश अपने गुणधर्म चिर-यौवन को वैदिक काल से आज तक जी रहा है।

एक और पुरातन ब्रांड मिला जापान के 'होशी योकान' (Hoshi Ryokan) के रूप में। इसके बारे में पता चला कि लगभग 1300 साल पुराना दुनिया का एकमात्र होटल है। जापान के कोमात्सु नामक इलाके में 46 पीढ़ियों से एक ही परिवार के सदस्य 'होशी योकान' होटल चला रहे हैं। कहा जाता है, एक बौद्ध भिक्षु को उसके गुरु ने सपने में आकर इसे स्थापित करने की प्रेरणा दी थी। प्रमाणों और रिकॉर्ड्स में इसे दुनिया का सबसे पुराना होटल ब्रांड माना जाता है।

बिन गूगल सब सून

वर्तमान में लौटे तो फटाफट अपनी सुविधा से ऐसी जानकारियों का श्रेय Google ब्रांड को है। हमारी सोच को फैक्ट्स और फिगर्स से जोड़ देने वाला एक ऐसा सर्चइंजन, जो इस युग का सबसे पॉवरफुल ब्रांड है। ऐसा ब्रांड जिसने अंग्रेजी के Search शब्द को ही अपना पर्याय बना लिया है। आज की tech-savvy जनरेशन 'सर्च करना' कहने की बजाए 'गूगल करना' पसंद कर रही है।

आइए, अब समझें कि हम किसी उत्पाद को 'ब्रांड' से क्यों जानते हैं और ब्रांडेड उत्पाद ही क्यों खरीदते हैं? क्यों हर नॉन-ब्रांडेड प्रॉडक्ट ब्रांडेड प्रोडक्ट्स से पिट जाते हैं या उनमें समा जाते हैं?

वचन न जाए खाली

हमने कई पहलुओं, केस स्टडीज और धारणाओं पर विचार किया। आखिर में जो निचोड़ सामने आया, वह है- 7 ऐसे मूल्य निकले जो लगभग 7 वचनों की तरह हैं। 'वचन' यानी ऐसा वक्तव्य जो एक प्रतिज्ञा, प्रतिबद्धता या संकल्प बन जाए।

इन वचनों को सात मशहूर ब्रांड्स की टैगलाइंस से समझें–

वचन	**ब्रांड**	**टैगलाइन्स**
भरोसा	Fevicol :	ये फेविकोल का मजबूत जोड़ है, टूटेगा नहीं
सुविधा	Tata Sky :	इसको लगा डाला तो लाइफ झिंगा लाला
संतुष्टि	Coca Cola :	ठंडा मतलब Coca Cola
अपनापन	Amul :	द टेस्ट ऑफ इंडिया
सम्मान	Hero Honda:	देश की धड़कन
पैसा वसूल	Maggi:	टेस्ट भी, हेल्थ भी
उपलब्धता	Lifebuoy:	Lifebuoy है जहां तंदुरुस्ती है वहां

वचन निभाए नाम कमाए

गौरतलब है कि जब हम कोई ब्रांडेड उत्पाद खरीदते हैं तो केवल वस्तु का मूल्य नहीं चुकाते। हम उस 'वचन' का मूल्य भी उसके उत्पादक को चुकाते हैं, जो हमें ब्रांड के साथ मिलता है। वे ही ब्रांड आज के प्रतिस्पर्धी युग में लंबी पारी खेलते हैं, जो एक बार नहीं, बार-बार भी नहीं बल्कि हर बार हमारे भरोसे को पुख्ता करते हैं। इस पुस्तक का ध्येय भी यही है। यह पुस्तक आपको दुनिया के 100 साल से भी ज्यादा पुराने ऐसे ब्रांड्स से रूबरू करवाएगी, जिन्होंने जो कहा यानी जो वचन दिया, उसे पूरा किया। यही नहीं, आप इन ब्रांड्स के इतिहास को जानेंगे तो पाएंगे कि इनमें से कई ब्रांड्स ने तो एक उत्पाद/सेवा लांच ही नहीं की बल्कि एक उद्योग ही बना दिया। मसलन, सन् 1668 में यानी करीब साढ़े तीन सौ साल पहले ब्रांड 'मर्क' जन्मा, तब आज जैसी दवाएं, दवा कारखाना नहीं थे। दवा की खोज तब साइंस नहीं आर्ट था। करीब डेढ़ सौ साल पहले ब्रांड 'वेसलीन' पेट्रोल रिफायनरी के वेस्ट से जन्मा। आज कई कंपनियां

वेसलीन बना रही हैं, पर प्योर स्किन जेली ओरिजनल वेसलीन जैसी विश्वसनीयता को तरस रही है। यही नहीं, वेसलीन कई कॉस्मेटिक्स का बेसिक रॉ मटेरियल भी है। 175 साल पहले पहली बार थॉमस कुक ने मिडिल क्लास फैमिलीज़ को ग्लोबल टूरिज्म की सुरक्षित व सस्ती सुविधा प्रदान की, जिनसे पर्यटन उद्योग का कायाकल्प हो गया। 125 साल पहले जन्मे 'लिप्टन' ब्रांड ने लोगों को चाय का चस्का लगाया। दूसरे शब्दों में, 100 साल से ज्यादा पुराने इन 25 ब्रांड्स का इतिहास उद्योग विशेष का भी इतिहास है तो वर्तमान भी उनके योगदान को स्वीकार करता है।

यह पुस्तक आपके पसंदीदा ब्रांड (प्रोडक्ट) से आपके बांड (लगाव/रिश्ते) को मजबूत करेगी। हमें विश्वास है कि अपनी किस्म की दुनिया की इस पहली पुस्तक को आप पढ़ेंगे और अपनी प्रतिक्रिया से भी अवगत कराएंगे।

प्रकाश बियाणी

कमलेश माहेश्वरी

prakashbiyani@yahoo.co.in

maheshwari.kamlesh@gmail.com

Websit: www.shunyaseshikhar.com/ www.prakashbiyani.in

सुरभि, 34 रविनगर (श्रीनगर), इंदौर 452018 (म.प्र.)

अनुक्रम

MERCK

दुनिया का पहला फार्मास्युटिकल ब्रांड

Living innovation

मर्क - 1668

21 जुलाई, 1969 को नासा ने नेल आर्मस्ट्रांग और एडविन एल्ड्रिन को चांद पर भेजने के पहले अंतरिक्ष में मानव शरीर के वेटलॉस के प्रभाव का अध्ययन किया तो पता चला चंद्रयात्रियों की नाक की श्लेष्मा झिल्ली में सूजन आएगी। उनकी नाक पूरी तरह ब्लॉक हो जाएगी और वे पृथ्वी पर पुनरागमन के समय जीवनरक्षक हेलमेट भी नहीं पहन पाएंगे। मर्क की डिकंजस्टेंट ड्रग नासिविन (अमेरिका में ऑक्सीमेटाझोलिन) को इसका प्रभावी उपचार मानते हुए प्रथम चंद्रयात्रियों के ऑन बोर्ड मेडिकल किट्स में रखा गया।

फ्रेडरिक जेकब मर्क

25 ग्लोबल ब्रांड

ग्लोबल फार्मास्युटिकल्स व रसायन उद्योग का सबसे पहला ब्रांड है-मर्क। करीब 350 साल पहले जब मर्क जन्मा था, तब दवा की खोज साइंस नहीं आर्ट था। तब आज जैसी दवा, दवा कंपनियां या कारखाने नहीं थे। फार्माकोपिया (सन् 1564 में मुद्रित औषधि कोष) में वर्णित नेचरल इन्ग्रेडिएंट्स, प्लांट्स, मिनरल्स तथा मानवीय व पशु पार्ट्स से तब चिकित्सक या फार्मासिस्ट दवाएं बनाते थे। दवा बनाने व बेचने के आज जैसे कायदे-कानून नहीं थे। नीम हकीम ही नहीं, नाई और बनियों (दुकानदारों) के छलकपट से रोगियों को बचाने के लिए 18वीं सदी में ड्रग्स रेगुलेशंस बनने लगे। इनके अनुपालन के लिए जिस एजेंसी का गठन किया गया, वह थी-'मेडिकल पुलिस'। इसके अलावा चर्च भी फार्मासिस्ट पर नजर रखते थे ताकि वे मुनाफाखोरी न करें।

सन् 1621 में श्वेनफूर्ट (अटरफेंकेन, बावरिया, जर्मनी) में जन्मे थे मर्क के संस्थापक फ्रेडरिक जेकब मर्क। उन दिनों फार्मेसी की विधिवत् शिक्षा नहीं मिलती थी। अपने होमटाउन में फार्मेसी का फील्ड प्रशिक्षण लेने के बाद फ्रेडरिक मर्क ने डनझिंग में सबसे पहले एक कोर्ट फार्मेसी (अधिकृत फार्मेसी) को संभाला और फिर वेसेलबुरेन में उन्होंने अपनी निजी फार्मेसी स्थापित की। 1660 के दशक में वे डरमस्टोड शिफ्ट हो गए। यहां सन् 1668 में उन्होंने एंजिल फार्मेसी खरीदी, जिसे मर्क का हार्ट माना जाता है और जो आज भी मर्क फैमेली की सम्पदा है।

एंजिल फार्मेसी ने नेचरल इनग्रेडिएंट्स से कई दवाएं बनाई। सन् 1678 में 57 वर्ष की उम्र में फ्रेडरिक का निधन हो गया। वे निःसंतान थे, इसलिए उनके

भतीजे जॉर्ज फ्रेडरिक को चार साल की मशक्कत के बाद फार्मासिस्ट की मान्यता और एंजिल फार्मेसी को ऑपरेट करने की अनुमति मिली।

18वीं सदी में ड्रग्स मेन्यूफेक्चरिंग व मार्केटिंग के कानून कायदे बने, तब मर्क परिवार की तीसरी पीढ़ी के जोहान हेनरिक मर्क (1741-1791) को एक बार तो नियमों के उल्लंघन के लिए सजा भी हुई। हालांकि, बाद में उन्हें मेडिकल पुलिस व चर्च ने दोषमुक्त माना। सन् 1818 में मर्क परिवार की पांचवीं पीढ़ी के एम्युनल मर्क ने केमिस्ट्री की विधिवत् शिक्षा प्राप्त करने के बाद कंपनी के सूत्र संभाले। उन्होंने जड़ी-बूटियों के सार (मूल तत्व) पर शोधपरक काम किया। सन् 1826 में एम्युनल मर्क ने ही सबसे पहले अफीम व अफीम के सत्व से ड्रग्स बनाईं। इसके बाद फार्मास्युटिकल उद्योग शोध आधारित बना।

1820 के दशक में मर्क परिवार ने यूरोप में कारोबार का विस्तार किया और सन् 1887 में न्यूयार्क में अमेरिकन शाखा स्थापित की- 'मर्क एंड कंपनी'। 1900 तक मर्क की दवाएं दुनिया के सभी द्वीपों में पहुंच गईं। प्रथम विश्वयुद्ध के बाद मर्क परिवार को विदेशी सहयोगी कंपनियों से हाथ धोना पड़ा। सन् 1917 में अमेरिकन फर्म स्वतंत्र हो गई। दोनों कंपनियों का स्वतंत्र अस्तित्व बना रहे, इसलिए ब्रांडनेम व ट्रेडमार्क के उपयोग के अधिकार तय हुए। डर्मस्टेड (जर्मन) मर्क को 'मर्क ट्रेडमार्क' के ग्लोबल अधिकार मिले। उत्तरी अमेरिका में मर्क जर्मन का ब्रांडनेम हुआ 'ईएमडी' यानी Emmanueal Merc Darmstad. इसके साथ अमेरिका व कनाडा में कंपनी का नाम हो गया 'मर्क एंड कंपनी' तथा यूरोप, अफ्रीका, एशिया, लेटिन अमेरिका में Merck. द्वितीय विश्वयुद्ध के दौरान दिसंबर, 1944 को मर्क जर्मन के कारखाने तहस-नहस हो गए। शोध आधारित दवाएं बनाकर मर्क ने तीन साल बाद दवाओं का निर्यात व्यापार फिर शुरू किया और जर्मन में बॉयोटेक्नालॉजी के 34 पेटेंट प्राप्त कर लिए।

मर्क जर्मनी

मर्क जर्मनी हेल्थकेयर, लाइफ साइंस ओर परफार्मेन्स मटेरियल की उत्कृष्ट गुणवत्ता और इनोवेशन के लिए जानी जाती है। 65 देशों में इसके 39 हजार कर्मचारी सतत रोगियों की क्वालिटी लाइफ और ग्लोबल चुनौतियों के प्रति समर्पित हैं। सन् 2014 में मर्क जर्मनी ने 11.5 बिलियन यूरो का व्यापार किया। बायोलॉजिकल दवा, ओटीजी उत्पाद, इम्यूनोथैरोपी उत्पाद, एलसी डिस्प्ले के लिक्विड क्रिस्टल कोटिंग, प्लास्टिक और प्रिंटिंग इंडस्ट्रीज के मर्क पिगमेंट हो या फार्मास्युटिकल रिसर्च और बायोटेक्नोलॉजी लैब साल्यूशंस मर्क जर्मन विश्वसनीयता व गुणवत्ता के लिए मशहूर है। मर्क जर्मनी की सफलता का मंत्र है – इनोवेटिव सोच और क्रियाकलाप।

संक्षेप में कहें तो मर्क दुनिया का पहला शोधपरक फार्मास्युटिकल ब्रांड है, जिसने मानव हित में हजारों दवाएं व वेक्सिन्स खोजी है और विगत साढ़े तीन सौ सालों में अरबों लोगों की जान बचाई है। मर्क ने न्यू ड्रग्स की खोज की जो परम्परा स्थापित की वह ग्लोबल फार्मास्युटिकल उद्योग में आज आम बात है।

एमएसडी यूएसए

सन 1917 में मर्क जर्मनी के विभाजन से जन्मी एमएसडी यूएसए ने आर्थरिटिज, कोलेस्ट्रॉल, हायपरटेंशन, ऑस्टियोपोरोसिस, अल्सर, एंटीबायोटिक्स, एचआईवी, अस्थमा, ग्लूकोमा, हेयर लॉस, डायबिटिज के अलावा चिकनपॉक्स व हेपेटाइटिस जैसे कई वेक्सीन एमएसडी यूएसए ने खोजे हैं। एनीमल हेल्थ के क्षेत्र में भी एमएसडी यूएसए सक्रिय है।

एमएसडी यूएसए की पेनकिलर औषधि विओक्स के साइड इफेक्ट्स से अमेरिका में 3400 लोगों की हृदयाघात से मौत भी हुई है। सन् 2004 में अदालत में यह आरोप साबित होने के बाद मर्क यूएसए ने दवा रिकॉल की, पर सन् 2008 में कंपनी को पीड़ित परिवारों को इसके लिए 65 करोड़ डॉलर और अमेरिकन सरकार को 76 करोड़ डॉलर जुर्माना चुकाना पड़ा। मर्क यूएसए की जिन अन्य दवाओं पर ऐसे ही साइड इफेक्ट्स के आरोप लगे हैं, वे हैं बोन लॉस दवा फोसामेक्स जो दांतों और जबड़ों को क्षति पहुंचाती है। टाइप-टू डायबिटिज दवा जानुविया जो पेनक्रिएटिव कैंसर का खतरा बढ़ाती है। बर्थ कंट्रोल रिंग नुवारिंग हृदयरोग के लिए बदनाम हुई तो पुरुषों के गंजेपन की औषधि प्रोपेसिया पर आरोप लगा कि इससे सेक्स क्षमता को क्षति पहुंचती है।

इंटरनेशनल ब्रांड वेल्युएशन फर्म इंटर ब्रांड के अनुसार दस मूल्यवान भारतीय ब्रांड्स

क्रम 2015	क्रम 2014	ब्रांड	ब्रांड वेल्यू 2015 करोड़ रु. में	ब्रांड वेल्यू 2014 करोड़ रु. में
1	1	टाटा	66940	59840
2	2	रिलायंस	34020	33270
3	3	एयरटेल	32300	29480
4	5	एलआईसी	22890	19580
5	4	एसबीआई	22680	20690
6	6	एचडीएफसी	20850	17820
7	7	इन्फोसिस	20650	17320
8	8	आईसीआईसीआई	15710	14810
9	10	गोदरेज	14270	12830
10	9	महिंद्रा एंड महिंद्रा	13720	13340

Colgate

किसान के बेटे का कमाल

डेंटिस्ट का सुझाया नम्बर वन ब्रांड

कोलगेट - 1806

राबर्ट कोलगेट

कोलगेट ब्रांड के जनक रॉबर्ट कोलगेट का परिवार ब्रिटेन से पलायन कर अमेरिका में बसा तो जीवन-यापन मुश्किल हो गया। जब रॉबर्ट न्यूयार्क जाने लगे तो उन्हें देने के लिए पिता के पास कुछ न था। उनकी मां मैरी ने उन्हें एक संकल्प दिलाया- 'जो भी करो, उसमें परम पिता ईश्वर को साथ रखो। यहां तक कि मुनाफे में भी उसे अपना भागीदार बनाओ।' मां की सीख पर चलते हुए रॉबर्ट ने जब साबुन की दुकान से पहला डॉलर कमाया तो उसका दसवां हिस्सा यानी 10 सेंट ईश्वर के नाम पर दान किए और ईश्वर के नाम 'लॉर्ड गॉड' अकाउंट खोला।

25 ग्लोबल ब्रांड

कोलगेट पॉमोलिव की 200 साल पुरानी कहानी ऐसे परिवार की कहानी है, जिसने 'शून्य' से सफर शुरू किया था। कोलगेट पॉमोलिव इस बात की भी मिसाल है कि उत्तराधिकारी योग्य हो तो लोकल व्यापार को ग्लोबल बना देता है।

एक किसान के बेटे ने 210 साल पहले साबुन व स्टार्च बनाने का एक कुटीर उद्योग स्थापित किया था। सन् 1860 में उनके पुत्र ने साबुन व स्टार्च का उत्पादन बंद करके ओरल केयर उत्पाद बनाए। सन् 1873 में कोलगेट टूथपेस्ट ग्लास जार में लांच हुआ। समय गुजरता गया, कोलगेट टूथपेस्ट का रूप-रंग बदला, पर नहीं बदले तो इसके लॉयल ग्राहक। कोलगेट ब्रांड ने उन शिखरों को छुआ है, जो अनिर्मित और अविजित थे।

दुनिया के सबसे प्रतिष्ठित ब्रांड कोलगेट के संस्थापक हैं विलियम कोलगेट। 17 जनवरी, 1783 को केंट (ब्रिटेन) में जन्मे थे विलियम। उनके पिता पेशे से किसान थे, पर राजनीति में सक्रिय थे। अमेरिका की आजाद और फ्रांस की क्रांतिकारी रीति-नीति के प्रति उनका रुझान तत्कालीन ब्रिटिश सरकार को रास नहीं आया और उन्हें पलायन करना पड़ा। गरीबी में जन्मे, पले और बड़े हुए विलियम अपने पैरों पर खड़े होने की मंशा से न्यूयार्क पहुंच गए। साधारण शिक्षा के कारण अच्छी नौकरी उनकी पहुंच से दूर थी। कोलगेट के संस्थापक विलियम कोलगेट को किसान पिता से सबक मिला था- 'मुट्ठीभर बीज बोओ और उनकी देखरेख करो तो अनाज के ढेर लग जाते हैं।'

न्यूयार्क में युवा विलियम ने साबुन निर्माता फैक्ट्री को ट्रेनी की हैसियत से ज्वाइन किया। इसके पीछे मंशा थी साबुन उत्पादन की तकनीक के साथ

कारोबारी गुर सीखना-समझना। उनका लक्ष्य नौकरी नहीं था। वे तो खुद की फैक्ट्री या दुकान खोलना चाहते थे। विलियम कोलगेट ने अन्य शहरों के साबुन विक्रेताओं (डीलरों) से भी इसलिए अच्छे संपर्क बनाए थे। दो साल की इस बोवनी (ट्रेनिंग) के बाद उन्होंने न्यूयार्क की डच स्ट्रीट में साबुन, स्टार्च और मोमबत्तियां बनाने का कुटीर उद्योग स्थापित किया। आज से 210 साल पहले 21 वर्ष के एक ग्रामीण युवक की सोच से परे था कि उसका यह कुटीर उद्योग एक दिन ऐसे उत्पाद को जन्म देगा, जिससे लोगों के दिन की शुरुआत होगी तो समापन भी होगा।

विलियम के उत्पाद साबुन, स्टार्च और मोमबत्तियां गुणवत्ता के कारण लोगों ने पसंद किए तो सन् 1819 में उन्होंने अखबार में पहला विज्ञापन जारी किया। एफएमसीजी उत्पादों का यह दुनिया का पहला विज्ञापन था। सन् 1829 में न्यूजर्सी में उन्होंने अपने भाई के साथ नई फैक्ट्री लगाई और विलियम कोलगेट कंपनी के टॉयलेट सोप व पर्ल स्टार्च अमेरिका के अन्य शहरों में पहुंचाए। दोनों भाइयों का संयुक्त उद्यम फलने-फूलने लगा था कि 18 मार्च, 1857 को विलियम कोलगेट का निधन हो गया।

रॉबर्ट, विलियम की ही तरह दूरंदेशी उद्यमी थे उनके पुत्र सैमुअल। उन्होंने कंपनी का नामकरण किया 'कोलगेट एंड कोलगेट' जिसने 1860 में स्टार्च का उत्पादन बंद करके ओरल केअर उत्पाद बनाए। सन् 1866 में सैमुअल ने खुशबूदार टॉयलेट सोप को केशमेर ब्रांडनेम से भी लांच किया।

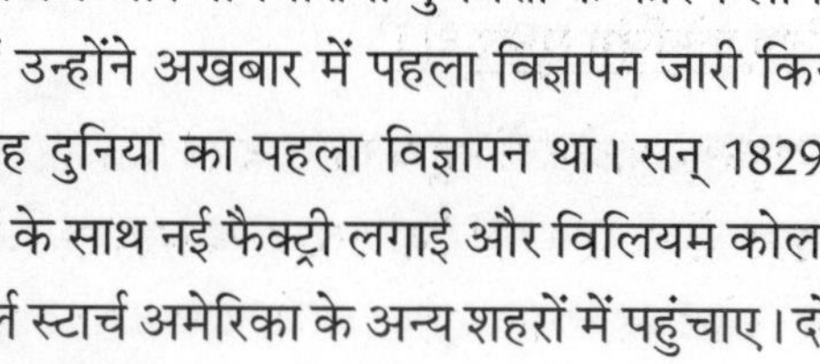

कोलगेट एंड कोलगेट को अपेक्षित ब्रेक सन् 1873 में मिला। इस साल कंपनी ने दुनिया के पहले एरोमेटिक टूथपेस्ट की ग्लास जार में लांचिंग की। उन दिनों पैकेजिंग उद्योग भ्रूण अवस्था में था और ट्यूब में पैकेजिंग की शुरुआत नहीं हुई थी। ग्लास जार में लांच टूथपेस्ट को रिस्पांस तो मिला, पर इसका उपयोग सुविधाजनक नहीं था। दुनिया की यह पहली टूथपेस्ट लांचिंग के 23 साल बाद दबने वाली ट्यूब में शिफ्ट हुई। टूथपेस्ट के इस अवतार की विज्ञापनी लाइन थी– 'हम उत्पाद सुधार नहीं सकते (आशय– यह तो पहले ही श्रेष्ठ है) इसलिए पैकेजिंग सुधार दी।'

ओरल केयर मार्केट में पहुंच गहरी करने के लिए कोलगेट एंड कोलगेट कंपनी ने 1896 में ही एक दंत चिकित्सक वाशिंगटन शेफिल्ड द्वारा विकसित डेंटल क्रीम 'कोलगेट रिबन' ब्रांडनेम से लांच की। 1906 में जब कम्पनी ने अपनी स्थापना के 100 साल पूरे किए तो इसके पोर्टफोलियो में 800 से ज्यादा प्रॉडक्ट थे। अब कम्पनी की जिम्मेदारी सैमुअल कोलगेट के पांच बेटे सम्भाल रहे थे।

पॉमोलिव और कोलगेट के विलय से जन्मी कोलगेट पॉमोलिव

कोलगेट एंड कोलगेट के तब प्रतिस्पर्धियों में सबसे अव्वल थी जॉनसन एंड कंपनी। कंपनी के ऑनर बी.जे. जॉनसन के फार्मूले पर यह कंपनी पॉम ऑइल और ओलिव ऑइल से साबुन बनाती थी, जो खूब लोकप्रिय था। बी.जे. जॉनसन ने अपने साबुन के कच्चे माल के अनुसार कंपनी का नामकरण किया– पॉमोलिव (पॉम प्लस ओलिव)। सन् 1950 में पॉमोलिव व कोलगेट एंड कोलगेट ने परस्पर प्रतिस्पर्धा के बजाय परस्पर विलय कर लिया और जन्मी

कोलगेट पॉमोलिव। इस विलय के बाद कोलगेट पॉमोलिव ने द्रुत गति से दौड़ लगाई। उत्पादों की श्रृंखला का विस्तार हुआ। कोलगेट पॉमोलिव ने चार सेगमेंट- ओरल केयर, पर्सनल केयर, होम केयर, पेट-न्यूट्रीशन (पालतु पशु पोषण) उत्पादों की वृहद श्रृंखला लांच की। दुनिया के 200 देशों में कंपनी के उत्पाद पहुंचने लगे। 1992 में चीन में उत्पादन संयंत्र स्थापित करने के बाद कोलगेट दुनिया में सबसे ज्यादा बिकने वाला ब्रांड बन गया।

कोलगेट पॉमोलिव की प्रोक्टर एंड गेम्बल से प्रतिस्पर्धा

टूथपेस्ट व टूथब्रश में कोलगेट पॉमोलिव की प्रोक्टर एंड गेम्बल से तीखी व तीव्र प्रतिस्पर्धा आज तक वैसी ही जारी है, जैसे कोकाकोला और पेप्सी में अंतहीन युद्ध। कोलगेट व प्रोक्टर एंड गेम्बल उत्पादों में फेरबदल करके एक-दूसरे को चुनौती देते हैं। प्रोक्टर एंड गेम्बल ने फ्लोराइड टूथपेस्ट लांच की तो कोलगेट ने भी टोटल टूथपेस्ट पेश की। ग्राहकों के लिए यह प्रतिस्पर्धा फायदे का सौदा है तो दोनों कंपनियों ने भी एक-दूसरे का पीछा करते हुए कारोबार बढ़ाया है। मसलन, कोलगेट पॉमोलिव ने सन् 2013 में 17.42 बिलियन डॉलर (करीब 1050 अरब रुपए) का व्यापार किया।

भारत में कोलगेट

कोलगेट के उत्पाद सन् 1937 में भारत आए। यहां ओरल केयर सेगमेंट में कंपनी टूथपेस्ट, टूथब्रश, टूथ पावडर व टूथ व्हाइटनिंग, पर्सनल केयर उत्पाद-स्किन केयर, हेयर केयर, बॉडी वॉश व शेविंग क्रीम तथा हाउस होल्ड सेगमेंट में डिश वॉशिंग पेस्ट बेचती है। दंत चिकित्सकों के जरिए बिकने वाले उत्पाद हैं- कोलगेट सेंसिटिव ट्रीटमेंट, टूथ वाइटनिंग, फ्लोराइड थैरापी, स्पेशलिटी क्लिनिंग व माउथ अल्सर क्रीम, कोलगेट 360 सराउंड अनूठा टूथब्रश है।

2003 से 2007 तक लगातार कोलगेट को देश के सबसे विश्वसनीय ब्रांड अवार्ड से नवाजा गया है। इंडियन डेंटल एसोसिएशन के सहयोग से एक ही दिन में सर्वाधिक डेंटल चेकअप के लिए कोलगेट इंडिया को गिनीज वर्ल्ड

रिकॉर्ड्स में भी शामिल किया गया है। कोलगेट इंडिया 1300 करोड़ रुपए की कंपनी है।

दसवां हिस्सा लॉर्ड गॉड के नाम

जब कोलगेट परिवार ब्रिटेन से पलायन कर अमेरिका में बसा तो उनके लिए जीवन-यापन बड़ा मुश्किल हो गया था। परिवार को संभालने के लिए जब रॉबर्ट न्यूयार्क जाने लगे तो उन्हें देने के लिए पिता के पास कुछ न था। उनकी मां मैरी ने उन्हें एक संकल्प दिलाया- 'जो भी करो, उसमें परम पिता ईश्वर को साथ रखो। यहां तक कि मुनाफे में भी उसे अपना भागीदार बनाओ।' मां की सीख पर चलते हुए रॉबर्ट ने जब साबुन की दुकान से पहला डॉलर कमाया तो उसका दसवां हिस्सा यानी 10 सेंट ईश्वर के नाम पर दान कर दिए। कारोबार बढ़ा तो बाकायदा ईश्वर के नाम 'लॉर्ड गॉड' अकाउंट खोला। उनकी इसी आस्था और परोपकारिता के कारण उन्हें अमेरिका के शीर्ष सुधारवादियों में शुमार किया गया है।

In 2015, the world spent an estimate of
US$ 592.43 billion on advertising.

JOHN DEERE

हल से बना जॉन डीयर ट्रैक्टर

Nothing runs like it.

जॉन डीयर – 1837

सन् 1837 में जॉन डीयर ने एक सॉ-मिल में टूटी सॉ-ब्लेड देखी। इससे जॉन डीयर ने दुनिया का पहला स्मूथ पर नुकीला स्टील का हल बनाया। एक स्थानीय किसान ने इस हल से कम समय व कम श्रम में बुवाई की तो उसकी देखा-देखी किसानों में जॉन डीयर के स्टील हल की मांग बढ़ी। उन दिनों रेल रोड नहीं बना था। सड़कें भी नहीं थीं। जॉन डीयर हलों ने सन् 1855 में खेती का तौर-तरीका बदल डाला। उन्होंने वेगन, कॉर्न प्लांटर्स और कल्टीवेटर्स भी बनाए। इन्हीं दिनों जॉन डीयर ने अपना बिजनेस मंत्र चुना- 'उस उत्पाद पर मेरा नाम नहीं होगा, जो सर्वश्रेष्ठ नहीं होंगे।'

जॉन डीयर

25 ग्लोबल ब्रांड

अमेरिकन बहुराष्ट्रीय कंपनी 'डीयर' एग्रीकल्चर, कंस्ट्रक्शन, फॉरेस्ट्री मशीनें व डीजल इंजन आदि बनाती है। फार्चुन ग्लोबल 500 कंपनियों में इसका क्रम 307वां तो फार्चुन अमेरिकन कंपनियों में 80वां क्रम है। सन् 1868 में चार्ल्स डीयर ने अपने पिता के नाम से डीयर एंड कंपनी के उपकरणों की ब्रांडिंग की थी 'जॉन डीयर'। सन् 1880 में इस ब्रांड का लोगो चुना गया- 'छलांग लगाता हिरण।'

7 फरवरी, 1804 को नौ भाई-बहनों के साथ जन्मे थे जॉन डीयर। उनके पिता विलियम रिनोल्ड दर्जी थे। सन् 1808 में रोजगार की तलाश में वे एक बोट से इंग्लैंड के लिए रवाना हुए और कभी नहीं लौटे। परिवार के भरण-पोषण में मां की मदद करने के लिए जॉन डीयर ने छोटी उम्र में जो काम मिला, वह किया। सन् 1821 में 17 वर्ष की उम्र में वे मिडिलब्यूरी के एक लोहार के सहायक बन गए। कुशल लोहार बनते ही सन् 1825 में जॉन डीयर घुमक्कड़ लोहार बने। घोड़े के पांव में नाल ठोंकने से लेकर लोहे की हंडिया, कड़ाही, तवा आदि बनाने में वे माहिर थे। जॉन डीयर ने घोड़ागाड़ी की लोहारी भी की। सन् 1827 में मिडिल ब्यूरी की एक स्कूली छात्रा डेमारियूस से उन्होंने विवाह कर लिया, जो शिक्षित थी और जॉन डीयर अशिक्षित। विवाह के बाद एक दशक तक रोजगार की तलाश में जॉन डीयर जगह-जगह भटके। इस दौरान परिवार बड़ा होता गया। खर्च बढ़ता गया। बैंक से कर्ज लेकर उन्होंने लोहारी की दो बार दुकान लगाई, पर हर बार सब कुछ आग में स्वाहा हो गया। जॉन डीयर कर्ज में डूब गए। एक साहुकार ने 78 डॉलर कर्ज की वसूली के लिए दबाव बढ़ाया तो जॉन डीयर चार बच्चों और गर्भवती पत्नी को यह भरोसा दिलाकर कि वे उन्हें

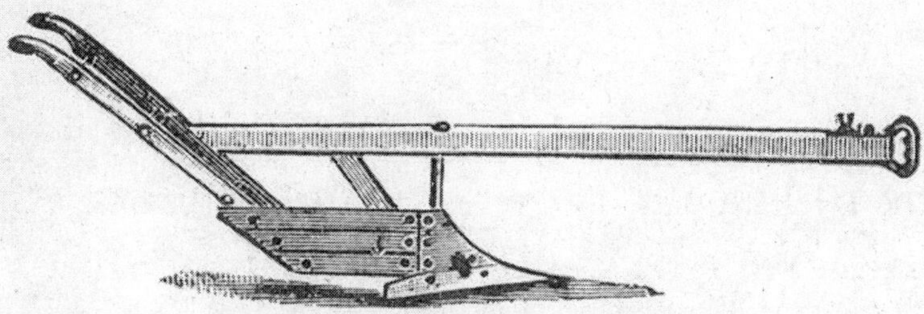

THE FIRST STEEL PLOW, 1833.

भी जल्द बुला लेंगे, इलिनोइस पलायन कर गए। उनके पास 73 डॉलर थे, जिससे ग्रांड डिरोटर में नदी के किनारे उन्होंने लोहार की दुकान लगाई। यहां जॉन डीयर कॉस्ट आयरन के हल बनाने लगे, पर मिडवेस्ट की चिपचिपी मिट्टी हल के बॉटम में चिपक जाती थी, जिसे बार-बार हटाना पड़ता था। इसमें किसानों का अतिरिक्त समय व श्रम खर्च होता था और बुवाई भी अच्छी नहीं होती थी।

सन् 1837 में जॉन डीयर ने एक सॉ-मिल में टूटी सॉ-ब्लेड देखी। इससे जॉन डीयर ने दुनिया का पहला स्मूथ पर नुकीला स्टील का हल बनाया। एक स्थानीय किसान ने इस हल से कम समय व कम श्रम में बुवाई की तो उसकी देखा-देखी किसानों में जॉन डीयर के स्टील हल की मांग बढ़ी। जॉन डीयर ने एक साल में करीब 100 हल बेचे। आर्थिक हालात सुधरे तो उन्होंने सन् 1838 में एक भागीदार खोजा, पर 5 साल में ही दोनों के बीच अनबन हो गई। सन् 1848 में जॉन डीयर मोलिन (इलिनोइस) शिफ्ट हुए, जहां मिसीसिपी नदी ट्रांसपोर्ट हब थी। उन दिनों रेल रोड नहीं बना था। सड़कें भी नहीं थीं। जॉन डीयर हलों ने सन् 1855 में खेती का तौर-तरीका बदल डाला। उन्होंने वेगन, कॉर्न प्लांटर्स और कल्टीवेटर्स भी बनाए। इन्हीं दिनों जॉन डीयर ने अपना बिजनेस मंत्र चुना- 'उस उत्पाद पर मेरा नाम नहीं होगा, जो सर्वश्रेष्ठ नहीं होंगे।'

जॉन डीयर खुद तो स्कूल नहीं गए थे, पर अपने बड़े पुत्र चार्ल्स को उन्होंने

पढ़ाया। शिकागो के बेल्स कॉमर्शियल कॉलेज से शिक्षा (आज के एमबीए के समकक्ष) प्राप्त 21 वर्षीय चार्ल्स को सन् 1958 में जॉन डीयर ने अपना उत्तराधिकारी घोषित किया और वे सार्वजनिक जीवन में सक्रिय हो गए। उन्होंने रिपब्लिकन पार्टी को ज्वाइन किया और अमेरिका के दास प्रथा उन्मूलन आंदोलन (सिविल वॉर) में सक्रिय हिस्सा लिया। वे फर्स्ट कांग्रेगेशन चर्च के ट्रस्टी मनोनीत किए गए। वे फर्स्ट नेशनल बैंक के सह-संस्थापक थे तो दो बार मोलिन के मेयर चुने गए। लिकर लायसेंस जारी करने के लिए उनकी आलोचना हुई तो उन्होंने ही मोलिन टाउन में सड़कें, साइड वॉक्स और सिवरेज पाइप लाइन स्थापित करवाई।

17 मई, 1886 को 82 वर्ष की उम्र में जॉन डीयर का निधन हुआ। एक साधारण लोहार की अन्त्येष्टि में मोलाइन शहर उमड़ पड़ा। हजारों लोग चर्च में आयोजित शोकसभा में शामिल हुए। आज भी वहां स्थापित शिलालेख पर अंकित है- 'वह स्थान जहां जॉन डीयर ने दुनिया का पहला स्टील हल बनाया, जिसने खेती को आसान बनाया।'

जॉन डीयर के बाद उनके पुत्र चार्ल्स डीयर ने डीयर एंड कंपनी को प्रोफेशनल बनाया। ब्रांडनेम और लोगो चुना। सन् 1869 में चार्ल्स डीयर ने कंपनी का

मार्केटिंग सेंटर स्थापित किया और राष्ट्रव्यापी रिटेलर्स नियुक्त किए। इसी साल कंपनी को इलिनोइस स्टेट फेयर में 'बेस्ट एंड ग्रेटेस्ट डिस्प्ले ऑफ प्लो' के लिए सिल्वर मैडल और 10 डॉलर (प्रतीकात्मक) नकद पुरस्कार प्रदान किया गया।

सन् 1907 में चार्ल्स डीयर के निधन के बाद जॉन डीयर के दामाद विलियम बटरवर्थ ने कंपनी के सूत्र संभाले और डीयर कंपनी को ट्रैक्टर मार्केट में इंट्री दिलवाई। डीयर एंड कंपनी का 'डेन-ऑल-व्हील ड्राइव' ट्रैक्टर लांच हुआ। सन् 1918 में डीयर एंड कंपनी ने वाटरलू गैसोलाइन इंजन कंपनी को खरीदा, जो वाटरलू बॉय ट्रैक्टर बनाती थी। सन् 1923 तक डीयर एंड कंपनी ने इस ब्रांडनेम से भी ट्रैक्टर बेचे। इसके बाद जॉन डीयर मॉडल डी ट्रैक्टर लांच हुआ, जिसने जॉन डीयर ब्रांड को सारी दुनिया में ग्रेट मशीनरी ब्रांड के रूप में स्थापित किया। सन् 1956 में डीयर एंड कंपनी ने जर्मन ट्रैक्टर कंपनी हेनरिच लेंज को खरीदा। सन् 1962 में 35 हजार कर्मचारियों के साथ डीयर एंड कंपनी के

इलिनोइस में 6 और हूप्सटन में एक मेन्यूफेक्चरिंग प्लांट था। आज 65 हजार कर्मचारियों के साथ डीयर एंड कंपनी सालाना अरबों डॉलर का कारोबार कर रही है।

जॉन डीयर इंडिया

डीयर एंड कंपनी यूएसए की सहयोगी कंपनी है जॉन डीयर इंडिया। 6000 कर्मचारियों की जॉन डीयर इंडिया भारत में पुणे स्थित स्टेट ऑफ द आर्ट मेन्यूफेक्चरिंग संयंत्र में ट्रैक्टर्स बनाती है। सिरहिंद (पंजाब) में कंपनी का ग्रेन कम्बाइन हार्वेस्टर्स संयंत्र है। वडोदरा (गुजरात) में कंपनी की ड्रिप इरिगेशन फैक्ट्री है। पुणे में टेक्नालॉजी सेंटर है, जो पैरेंट कंपनी के ग्लोबल बिजनेस को भी आईटी सर्विस प्रदान करता है। चैन्नई में अशोक लीलैंड के साथ जॉन डीयर इंडिया का कंस्ट्रक्शन व फॉरेस्ट्री इक्यूपमेंट्स संयंत्र है। पुणे स्थित जॉन डीयर फायनेंसियल सर्विसेस ग्राहकों को क्रेडिट सुविधा प्रदान करती है। पुणे में ही जॉन डीयर इलेक्ट्रॉनिक सॉल्यूशंस है। जॉन डीयर इंडिया भारत से 75 देशों को जॉन डीयर मशीनरीज निर्यात करती है और कई बार एक्सपोर्ट एक्सीलेंस अवार्ड से नवाजी गई है।

एक शिलिंग शुल्क से शुरू हुई ट्रेवल कंपनी

"Don't just book it, *Thomas Cook* it"

थॉमस कुक

थॉमस कुक

सन् 1825 में भापचलित रेल की खोज हुई थी। रेल लाइन का विस्तार हो रहा था। रेल यात्रा को लेकर लोगों के मन में भयमिश्रित जिज्ञासा थी। थॉमस कुक ने लोकल रेल कम्पनी से सम्पर्क किया और दुनिया की पहली निजी चार्टर ट्रेन हायर की। 5 जुलाई, 1841 को टेम्परेंस सोसायटी के 540 फॉलोअर्स को वे लिसेस्टर केम्पबेल स्ट्रीट रेलवे स्टेशन से 11 मील की एक दिवसीय यात्रा पर ले गए। यह आज के बहुप्रचलित ग्लोबल टूर पैकेजेस का पहला लोकल वर्जन था। मध्यमवर्गीय परिवारों ने इन किफायती टूर्स को खासा पसंद किया।

175 साल पहले 540 लोगों के एक शिलिंग शुल्क के 11 मील के एक दिवसीय ग्रुप टूर के साथ जन्मा था दुनिया का पहला टूर ट्रेवल्स ब्रांड 'थॉमस कुक'। आज सालाना दो करोड़ से ज्यादा लोगों को यह ब्रिटिश ट्रेवल कंपनी पर्यटन से जुड़ी सेवाएं- टूर, फॉरेन एक्सचेंज, वीसा, पासपोर्ट तथा बीमा आदि उपलब्ध करवा रही है। थॉमस कुक ने पर्यटन को तब प्रमोट किया था, जब ट्रांसपोर्टेशन या कम्युनिकेशंस के आज जैसे फास्ट संसाधन उपलब्ध नहीं थे। हवाई यात्रा को तो भूल जाइए, रेलवे जन्म ले रही थी। आज की तरह होटल-रेस्त्रां नहीं थे। टेलीग्राफी के दौर में पर्यटन एडवेंचर यानी जोखिमभरा शौक था। मध्यमवर्गीय परिवार विश्वभ्रमण के स्वप्न भी नहीं देखते थे, तब थॉमस कुक ने यात्रा के दौरान उनकी जरूरतों का एक बुके बनाया और अफोर्डेबल मूल्य पर उन्हें दुनिया दिखाई। थॉमस कुक की देखादेखी आज हजारों लोकल व ग्लोबल ट्रेवल्स कम्पनियां पर्यटन सेवाएं दे रही हैं, पर कम लागत का मंत्र उन्हें थॉमस कुक से ही मिला है।

सम्पन्न समुदाय के लिए विश्व भ्रमण आसान है, पर मध्यमवर्गीय लोगों को आवास, खान-पान, साइट सीईंग सुविधा के साथ दुनिया दिखाने वाली विश्व प्रसिद्ध कंपनी थॉमस कुक की स्थापना सन् 1841 में हुई थी। 22 नवंबर, 1808 को मेलबोर्न (डर्बीशायर) के एक गांव में जन्मे थे इसके संस्थापक थॉमस कुक। वे जब तीन साल के थे, तब उनके पिता का निधन हो गया। मां ने तत्काल पुनर्विवाह कर लिया। थॉमस कुक को 10 साल की उम्र में 6 पेंस के साप्ताहिक वेतन पर एक माली के सहायक की नौकरी करना पड़ी। 14 साल की उम्र में वे एक केबिनेट मेकर के प्रशिक्षु बन गए।

उन दिनों ब्रिटेन के क्रिश्चियन समाज में एक टेम्परेंस समुदाय (संयमित जीवन शैली के समर्थक लोग) था, जो मानता था कि वर्किंग क्लास परिवारों का जीवन स्तर तब ही सुधरेगा, जब वे शिक्षा प्राप्त करेंगे और अल्कोहल से बचेंगे। युवा होते ही थॉमस कुक टेम्परेल सोसायटी के सक्रिय सदस्य बन गए। समान सोच के लोगों को एकजुट करने का उन्हें एक आइडिया सूझा। सन् 1825 में भापचलित रेल की खोज हुई थी। रेल लाइन का विस्तार हो रहा था। रेल यात्रा को लेकर लोगों के मन में भयमिश्रित जिज्ञासा थी। थॉमस कुक ने लोकल रेल कम्पनी से सम्पर्क किया और दुनिया की पहली निजी चार्टर ट्रेन हायर की। 5 जुलाई, 1841 को टेम्परेंस सोसायटी के 540 फॉलोअर्स को वे लिसेस्टर केम्पबेल स्ट्रीट रेलवे स्टेशन से 11 मील की एक दिवसीय यात्रा पर ले गए। यह आज के बहुप्रचलित ग्लोबल टूर पैकेजेस का पहला लोकल वर्जन था। इसके बाद आगामी तीन ग्रीष्म ऋतुओं में थॉमस कुक ने लिसेस्टर से नाटिंघम, डर्बी व बर्मिंघम के सामाजिक व धार्मिक ग्रुप टूर आयोजित किए। कई लोगों के लिए यह पहली रेल यात्रा थी। मध्यमवर्गीय परिवारों ने इन किफायती टूर्स को पसंद किया तो थॉमस कुक ने इसे ही व्यवसाय बनाने का निर्णय लिया।

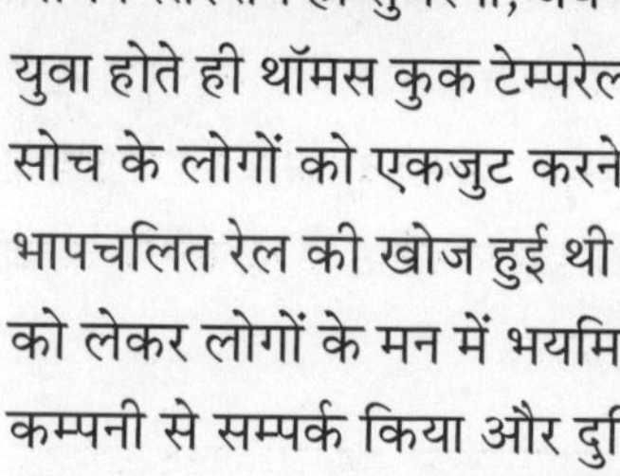

सन् 1845 में थॉमस कुक ने पहला कॉमर्शियल टूर आयोजित किया। इस टूर में

लोगों को वे लिवरपूल से लिसेस्टर, नाटिंघम व डर्बी ले गए। इस रेल टूर का प्रथम श्रेणी का किराया था 15 शिलिंग व द्वितीय श्रेणी का 10 शिलिंग। इस खर्च में अतिथि यात्रियों को फूड भी सर्व किया गया था। थॉमस कुक ने रूट गाइड व हैंडबुक भी प्रकाशित करवाई थी। 60 पृष्ठ की इस बुकलेट से ही बने हैं आज के महंगे हवाई-हॉली-डे टूर्स के कलरफूल ब्राउसर।

सन् 1851 में थॉमस कुक क्रिस्टल पैलेस के आर्किटेक्ट सर जोसफ पेक्सटॉन के आग्रह पर ग्रेट एक्जीबिशन के लिए 1.50 लाख श्रमिकों को यार्कशायर व मिडलेंड्स से लंदन लाए। चार साल बाद पहली बार पेरिस में इंटरनेशनल एक्जीबिशन का आयोजन हुआ तो थॉमस कुक ने इस अवसर को बिजनेस में बदला और ब्रसेल्स, कोलोन, राइन, हीडलबर्ग, बाडेन, स्ट्रासबर्ग और पेरिस का ग्रांड सरकुलर टूर अरेंज किया। सन् 1863 में पहली बार थॉमस कुक 60 लोगों को स्वीट्जरलैंड ले गए। इस ग्रुप में शामिल एक युवती जेमिना मॉरेल ने इस टूर की डेली डायरी लिखी, जो थॉमस कुक ग्रुप के मुख्यालय में आज भी सहेज कर रखी गई है। इस दौरान थॉमस कुक ने यूरोप के स्थानीय होटलों व ढाबों से अपने टूरिस्ट ग्राहकों के आवास व खाने का किफायती नेटवर्क बनाया।

बिना हवाई यात्रा पहला वर्ल्ड टूर

दुनिया घूमने व घुमाने के दीवाने थॉमस कुक के कैरियर का क्लायमेक्स है वर्ल्ड टूर। इस टूर को कम से कम खर्च में संभव बनाने के लिए 63 साल की उम्र में थॉमस कुक आठ माह घर नहीं लौटे। 1860-70 का दौर याद करें। समुद्री व रेल यात्रा ही उपलब्ध थी। यह भी आसान नहीं होती थी। आज जैसे संचार साधन नहीं थे। थॉमस कुक का वर्ल्ड टूर आयोजित करने का स्वप्न सन् 1869 में तब संभव हुआ, जब स्वेज नहर खुली और अमेरिका के पूर्वी और पश्चिमी समुद्री तट रेल नेटवर्क से जुड़े। थॉमस कुक और उनका ग्रुप स्टीमशिप से अटलांटिका को पार करके न्यूयार्क पहुंचा। वहां से रेल द्वारा सेन फ्रांसिस्को, पेसिफिक स्टीम से जापान और फिर इनलैंड समुद्र को पार करके वे पहले चीन और फिर सिंगापुर, सीलोन और भारत पहुंचे। बॉम्बे से हिंद महासागर और रेड सी पार करके काहिरा होते हुए ग्रुप के कुछ यात्री लंदन लौट गए। थॉमस और शेष ग्रुप ने मिस्त्र, फिलिस्तीन, तुर्की, ग्रीस, इटली और फ्रांस तक यात्रा का विस्तार किया। थॉमस कुक का यह ऐतिहासिक टूर 222 दिनों में पूरा हुआ। इसके बाद कई सालों तक यह सालाना इवेंट बना रहा, जिसे विश्व भ्रमण के शौकीन लोगों ने न्यूनतम लागत के कारण खूब पसंद किया और थॉमस कुक को बना दिया दुनिया का ग्रेट टूरिस्ट ब्रांड।

थॉमस कुक लोगों को जब दुनिया घुमा रहे थे, तब उनके पुत्र जॉन मेशन कुक ने

बैक ऑफिस संभाला। तब टेलीफोन या फैक्स मशीन नहीं थी, टेलीग्राफी के दौर में जॉन मेशन कुक ने टूर की हर छोटी-छोटी जरूरत वर्कआउट की और उन्हें कामर्शियली संभव बनाया। पिता से बेहतर बिजनेसमेन थे जॉन मेशन कुक। सन् 1878 में पिता-पुत्र में अनबन हो गई। थॉमस कुक सेवानिवृत्त होकर लिसेस्टर शिफ्ट हो गए।

सन् 1892 में 83 वर्ष की उम्र में टूर व ट्रेवल उद्योग के पितामह थॉमस कुक का निधन हो गया। उनके निधन के 6 साल बाद सन् 1898 में अनायास ही जॉन मेशन कुक का भी निधन हो गया। उनके तीन पुत्र फ्रेंक हेनरी, अर्नेस्ट एडवर्ड कुक और थॉमस अल्बर्ट ने पहली बार पूरे अफ्रीका द्वीप का टूर अरेंज किया। पांच माह के इस टूर में एक माह की सफारी भी शामिल थी। वे हवाई यात्रा से प्लीजर टूर्स के पहले ऑपरेटर भी बने। सन् 1924 में 'थॉमस कुक एंड संस' लिमिटेड का गठन हुआ। सन् 1927 में इस कंपनी ने डेम्सी-टुन्ने हेवीवेट बॉक्सिंग प्रतियोगिता के समय न्यूयार्क से शिकागो का एयरटूर आयोजित किया, पर इसके एक साल बाद सन् 1928 में फ्रेंक हेनरी और अर्नेस्ट एडवर्ड कुक (अल्बर्ट का 1914 में निधन) ने बिजनेस एक बेल्जियम कंपनी को बेच दिया। सन् 1948 में थॉमस कुक एंड संस को ब्रिटिश ट्रांसपोर्ट होल्डिंग कंपनी ने खरीद लिया। सन् 1972 व 1977 में कंपनी का स्वामित्व एक बार फिर बदला। सन् 1990 में डेस्क इंटरनेशनल का रिटेल फॉरेन एक्सचेंज कारोबार खरीदकर थॉमस कुक दुनिया की सबसे बड़ी विदेशी मुद्रा रिटेलर बन गई। सन् 1991 में थॉमस कुक ने अपनी 150वीं वर्षगांठ पर 34 दिवसीय वर्ल्ड टूर अरेंज किया। सन् 1992 में कंपनी को जर्मनी की सबसे बड़ी बैंक वेस्टएलबी और वहीं की प्रमुख चार्टर एयरलाइन एलटीयू ग्रुप ने खरीद लिया। सन् 1994 में थॉमस कुक दुनिया की सबसे बड़ी ट्रेवलर्स चेक कंपनी बन गई।

सन् 1999 में सी एंड एन टूरिस्ट्क ने थॉमस कुक एंड संस को खरीदा और नामकरण किया 'थॉमस कुक'। 160वीं वर्षगांठ पर थॉमस कुक ने फ्लैक्सीबल ट्रिप्स प्लान लांच किया। इसके तहत ग्राहक अपने हॉली-डे टूर खुद प्लान

करने लगे। सन् 2006 में थॉमस कुक ने 8.33 करोड़ पाउंड का रिकॉर्ड मुनाफा घोषित किया और ट्रेवल उद्योग के 'होली ग्रेल' (वेबस्टर शब्दावली के अनुसार ऐसा सम्मान जिसे आप पाना चाहें पर पाना मुश्किल हो) का दर्जा हासिल कर लिया।

थॉमस कुक ग्रुप आज कई टूर ऑपरेटर्स व यूके, बेल्जियम व स्कांडिनाविया की चार्टर एयरलाइन्स का समूह है। इसकी अपनी एयरलाइन्स भी है कोंडोर। 97 एयरक्रॉफ्ट, 2900 से ज्यादा स्टोर्स, 32 हजार से ज्यादा कर्मचारियों व 2 करोड़ से ज्यादा सालाना ग्राहक के साथ यह दुनिया का दूसरे बड़ा ट्रेवल समूह (पहला टीयूआई ट्रेवल) है।

स्व. थॉमस कुक जहां होंगे खुश होंगे। 175 साल पहले एक शिलिंग शुल्क के साथ उन्होंने जो रेल टूर आयोजित किया था, वह आज सालाना 8.5 अरब पाउंड का बिजनेस बन गया है।

भारत में थॉमस कुक

सन् 1881 में थॉमस कुक ने मुम्बई में अपना पहला दफ्तर खोला था, तब इसका यहां नाम था 'थॉमस कुक ओवरसीज लि.'। सन् 1978 में कंपनी का संपूर्ण भारतीयकरण हुआ और नामकरण किया गया 'थॉमस कुक इंडिया लि.'। सन् 1983 में यह कंपनी भारतीय स्टॉक एक्सचेंज में सूचीबद्ध हो गई। आज 96 शहरों में इसके 234 कार्यालय (23 एयरपोर्ट काउंटर्स सहित) हैं। इसके अलावा पार्टनर नेटवर्क में 110 गोल्ड सर्कल पार्टनर हैं तो 112 सेल्स एजेंट्स, जो देश के 34 शहरों में सक्रिय हैं। आज कहीं से भी, कोई भी भारतीय ऑनलाइन थॉमस कुक की टूरिस्ट सेवा ले सकता है और अपने लिए सुविधाजनक लोकेशन से टूर पैकेज में शामिल हो सकता है। पैतृक समूह की तरह थॉमस कुक इंडिया लि. भी कई बार कई अवार्ड्स से नवाजी गई है, जैसे बेस्ट टूर ऑपरेटर, बेस्ट फॉरेन एक्सचेंज कंपनी, कंज्यूमर सुपर ब्रांड, बेस्ट कॉरपोरेट ट्रैवल मैनेजमेंट कंपनी।

A trade mark is a recognizable sign, design or expression which identifies products or services of a particular source from those of others, although trademarks used to identify services are usually called service marks. The trademark owner can be an individual, business organization or any legal entity. A trademark may be located on a package, a label a voucher, or on the product itself. For the sake of corporate identity, trademarks are being displayed on company buildings.

POND'S®

ऐसा ब्रांड जो व्यक्तित्व निखारे व आत्म विश्वास बढ़ाए

As Beautiful as you want to be

पोंड्स – 1846

थेरॉन टी. पोंड

उन दिनों फेशियल केयर मार्केट में आज जैसी तीखी व तीव्र प्रतिस्पर्धा नहीं थी। पोंड्स के विज्ञापनों की सीधी, सहज व सरल पंच लाइन ने पोंड्स वेनिशिंग व कोल्ड क्रीम की बिक्री बढ़ाई। सन् 1922 में पोंड्स क्रीम्स की सेल-ग्रोथ घटने लगी तो सेलिब्रिटिज की मदद ली गई। अपने जमाने की रॉयल ब्यूटीज रोमानिया की क्वीन मेरी, ग्रीस की प्रिंसेस एलिजाबेथ व स्पेन की क्वीन विक्टोरिया यूजेनिया पोंड्स क्रीम पसंद करती थीं। उनके इंडोर्समेंट वाले विज्ञापन जारी हुए तो पोंड्स क्रीम्स को पहचान मिली- 'रॉयल फैमिलीज की महिलाओं की पसंद।'

विश्वप्रसिद्ध स्किन केयर ब्रांड पोंड्स ने चायनीज कहावत- 'पहले नन्हे कदम से लंबी यात्रा शुरू होती है' को अक्षरशः जीया है। त्वचा के ना दिखने वाले छोटे-छोटे कट्स को भरने के मिशन के साथ 168 साल पहले एक छोटे-से ग्लास जार में गोल्डन ट्रेजर के नाम से जन्मा था 'पोंड्स'। स्किन क्रीम से स्किन केयर्स की वृहद उत्पाद श्रृंखला के साथ पोंड्स आज बहुराष्ट्रीय एफएमसीजी कॉरपोरेशन यूनिलीवर के टॉप टेन ब्रांड्स में एक है और है अपने मार्केट का सिरमौर।

यूनिलीवर का दावा है कि आर-एंड-डी सेंटर (पोंड्स इंस्टीट्यूट) के 700 स्किन विशेषज्ञों ने महिलाओं की स्किन को चुस्त-दुरुस्त रखने के साथ चमकाने के लिए जो शोध किए, उसका परिणाम है पोंड्स ब्रांड स्किन केयर उत्पाद।

सन् 1846 में यूटिका (न्यूयार्क) के एक फार्मासिस्ट थेरान टी. पोंड ने घर की छोटी-सी लैब में खोजा कि चाय के पीले फूलों के एक्सट्रेक्ट्स से स्किन कट्स भरे जा सकते हैं। थेरोन ने इस 'सत्' से स्किन क्रीम बनाया और उसका नामकरण किया 'गोल्डन ट्रेजर'। इस स्किन क्रीम की बिक्री के लिए थेरोन ने मित्र-निवेशकों के साथ स्थापित की टीटी पोंड्स कंपनी। सन् 1852 में 52 वर्ष की अल्पायु में थेरोन का निधन हो गया। सन् 1914 में कंपनी को नया नाम मिला 'पोंड्स एक्सट्रेक्ट कंपनी'। न्यूयार्क में इसका सेल्स ऑफिस व कनेक्टीकट में मेन्यूफेक्चरिंग प्लांट स्थापित किया गया। पोंड्स एक्सट्रेक्ट ने स्व. थेरोन के स्किन क्रीम को पोंड्स हीलिंग ब्रांड नाम से प्रमोट किया। इसे तब मेडिकेटेड क्रीम के रूप में ग्राहकों ने अपनाया, जो एक छोटा मार्केट था।

पोंड्स हीलिंग को मॉस प्रोडक्ट बनाने की मंशा से पोंड्स एक्सट्रेक्ट कंपनी ने थेरोन की खोज को विकसित किया और बनाए पोंड्स वेनिशिंग और कोल्ड क्रीम। इन उत्पादों के साथ पोंड्स ब्रांड ने कॉस्मेटिक उद्योग के फेशियल केयर सेंगमेंट में इंट्री ली। इसके साथ पोंड्स ब्रांड की पंच लाइन हो गई– 'हर सामान्य त्वचा के लिए जरूरी है पोंड्स वेनिशिंग व कोल्ड क्रीम।'

उन दिनों फेशियल केयर मार्केट में आज जैसी तीखी व तीव्र प्रतिस्पर्धा नहीं थी। पोंड्स के विज्ञापनों की सीधी, सहज व सरल पंच लाइन ने पोंड्स वेनिशिंग व कोल्ड क्रीम की बिक्री बढ़ाई। देखा–देखी मार्केट में इस किस्म के कई उत्पाद आ गए और सन् 1922 में पोंड्स क्रीम्स की सेल–ग्रोथ घटने लगी तो उत्पाद प्रमोशन रणनीति को बदला गया और सेलिब्रेटिज की मदद ली गई। अपने जमाने की रॉयल ब्यूटीज रोमानिया की क्वीन मेरी, ग्रीस की प्रिंसेस एलिजाबेथ व स्पेन की क्वीन विक्टोरिया यूजेनिया पोंड्स क्रीम पसंद करती थीं। उनके इंडोर्समेंट वाले विज्ञापन जारी हुए तो पोंड्स क्रीम्स को नई पहचान मिली– 'रॉयल फैमिलीज की महिलाओं की पसंद।'

1930 की मंदी ने एक बार फिर पोंड्स की बिक्री को थामा तो पोंड्स कंपनी ने फेस पावडर व एंजेल फेस उत्पाद लांच किए। 40 के दशक में अमेरिकन फौज के लिए छद्म क्रीम और इंसेक्ट्स रिपेलेंट्स बनाए। इनके साथ पोंड्स दुनिया का अकेला ऐसा ब्यूटी ब्रांड बन गया, जो किसी विश्वयुद्ध (द्वितीय) में शामिल हुआ हो। 50 के दशक में पोंड्स के एक कैम्पेन 'सात दिनों में सुंदरता' ने भी खूब धूम मचाई। इस विज्ञापन अभियान में कंपनी ने दावा किया था कि पोंड्स

क्रीम्स मात्र एक सप्ताह में महिला की सुंदरता को चार चांद लगा देते हैं।

सन् 1955 में 'टीटी एक्सट्रेक्ट कंपनी' का फेशियल केयर मार्केट की दिग्गज कंपनी 'चेजब्रो' में विलयन हुआ। चेजब्रो ने अपने लोकप्रिय मॉस प्रोडक्ट्स क्यूटेक्स नेल पॉलिश व मेचाबेली परफ्यूम्स के साथ पोंड्स क्रीम्स को छोटी गोल बोतल में संपूर्ण अमेरिका में पहुंचा दिया। यह कलरफुल गोल बोतल आज भी पोंड्स ब्रांड की पहली पहचान है। सन् 1987 में चेजब्रो-पोंड्स को एंग्लो डच कंपनी यूनिलीवर ने खरीद लिया और पोंड्स क्रीम को कपनुमा फूल लोगो के साथ रिलांच करके सारी दुनिया में पहुंचाया।

सन् 1992 में यूनिलीवर ने खास महिलाओं के खास ब्रांड को 'मॉस ब्रांड' बनाने की मंशा से पोंड्स उत्पाद शृंखला के विस्तार के लिए एक आर-एंड-डी सेंटर (अब पोंड्स इंस्टीट्यूट) स्थापित किया। यहां कार्यरत 60 देशों के 700 स्किन विशेषज्ञों ने पोंड्स ब्रांड कोल्ड क्रीम, क्लिन्सर, हाइड्रो नर्सिंग क्रीम, एंटी रिंकल नर्सिंग व माइश्च्युराइजर उत्पादों की झड़ी लगा दी। इस आपाधापी में यूनिलीवर से एक चूक भी हुई। ब्यूटी ब्रांड पोंड्स के नाम से 'पोंड्स टूथपेस्ट' लांच किया गया। ताजगी व खुशबू से सराबोर पोंड्स ब्रांड को टूथपेस्ट के रूप में ग्राहकों ने नकार दिया। एक्सटरनल एप्लीकेशंस के लिए पोंड्स की पहचान इतनी पुख्ता थी और है कि इसे इंटरनल उपयोग या टेस्ट से जोड़ना ग्राहकों को रास नहीं आया और पोंड्स टूथपेस्ट की अकाल मृत्यु हो गई। इसके विपरीत पोंड्स एज मिरेकल (एंटी एजिंग उत्पाद) को ग्राहकों ने पसंद किया।

200 से ज्यादा पेटेंट्स के साथ पोंड्स ब्यूटी प्रोडक्ट्स की वृहद शृंखला आज 96 देशों में लोकप्रिय है और 16 दशक से ज्यादा की दीर्घायु के बावजूद पोंड्स दुनिया का चिरयुवा ब्रांड बना हुआ है।

भारत में पोंड्स

बहुराष्ट्रीय यूनिलीवर की भारतीय इकाई हिंदुस्तान लीवर लिमिटेड की उम्र भी

80 साल हो गई है। यहां साबुन, डिटरजेंट, शैम्पू, डिओड्रेंट्स, चाय, कॉफी, पैकेज्ड फूड, आइसक्रीम, वाटर प्यूरीफायर जैसे दो दर्जन से ज्यादा उत्पादों के तीन दर्जन ब्रांड्स का ऑनर है हिंदुस्तान लीवर। इन ब्रांड्स में इंडियन स्किन केयर मार्केट का लीडर है पोंड्स। 16 हजार कर्मचारियों के साथ 25 हजार करोड़ रुपए से ज्यादा का सालाना टर्नओवर कर रहे हिंदुस्तान लीवर के लोकप्रिय ब्रांड्स हैं– लक्स, लाइफबॉय, सर्फ एक्सेल, रिन, व्हील, लक्मे, डोव, क्लिनिक प्लस, सनसिल्क, पेप्सोडेंट, क्लोजअप, बुक ब्रांड, ब्रू, नॉर, किसान, क्वालिटी, वॉल्स, प्यूअर इट और नि:संदेह पोंड्स। पोंड्स की भारत में भी पहली पहचान है– 'ऐसा ब्रांड, जो व्यक्तित्व निखारे और आत्मविश्वास बढ़ाए।' मजेदार बात यह है कि सन् 2009 में हिंदुस्तान लीवर से भी एक चूक हुई है। पोंड्स व्हाइट ब्यूटी को प्रमोट करने के लिए कंपनी ने एक कॉमर्शियल रिलांच किया था, जिसमें छुपा संदेश था– 'सांवले रंग की युवतियां भी पोंड्स व्हाइट वापरें और व्हाइट ब्यूटी की तरह अपना प्यार पाएं।' इस कॉमर्शियल का नस्लभेद के आरोप के साथ विरोध हुआ और कहा गया कि खूबसूरती का कोई रंग नहीं होता, ना व्हाइट और ना ही ब्लैक।

In a sticky situation ?

An American engineer Richard Drew saw two autobody painters struggle to make a clean dividing line on two colour paint jobs. Drew's ingenious solution for the painter's dilemma was the world's first masking tape. The Scotch Cellulose Tape (as we know it cello tape today) finds a place in every self-respecting home and office in the world. So the next time you are in a sticky situation, do not look for an easy way out.

Look for a solution ! THINK SOLUTIONS !

पेनिसिलिन से विएग्रा तक फायजर

Pfizer quality

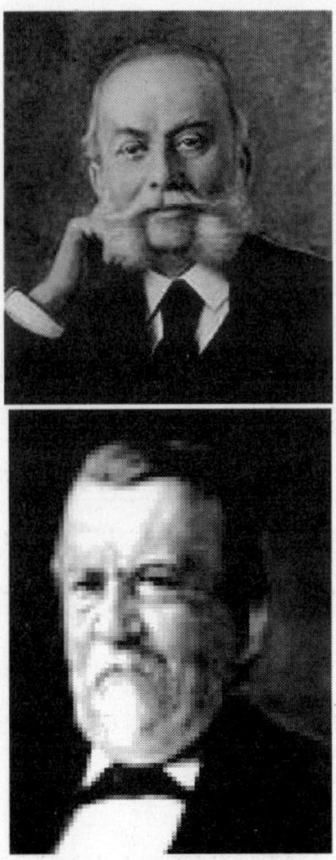

चार्ल्स फाइजर/चार्ल्स ईरहार्ट

फायजर -1849

अमेरिकन गृहयुद्ध (1861-1865) के दौरान घावों के उपचार व दर्द निवारक औषधियों की मांग बढ़ी। फायजर एंड कंपनी ने टार्टरिक एसिड का स्किन कुलेंट व लेक्सेटिव की तरह उपयोग करते हुए टार्टर क्रीम के अलावा आयोडीन, मोर्फाइन, क्लोरोफार्म, केम्फोर, मर्क्यूरिएल्स जैसी ड्रग्स बनाई। गृहयुद्ध में घायल फौजियों के लिए सरकार ने फायजर के इन उत्पादों की बल्क खरीदी की तो फोटोग्राफी में भी इनका फिल्म प्रोसेसिंग में उपयोग हुआ। गृहयुद्ध ने फायजर को फाइन केमिकल्स कंपनी के साथ रिसर्च व शोध आधारित फार्मास्युटिकल कंपनी बना दिया।

दुनिया का सबसे बड़ा फार्मास्यूटिकल ब्रांड फायजर दो जर्मनी उद्यमी चॉर्ल्स फायजर और चॉर्ल्स इरहार्ट का ब्रेन चाइल्ड है। फायजर केमिस्ट थे तो इरहार्ट कन्फेक्शनरी निर्माता। आज से 165 साल पहले केमिकल कंपाउंडिंग की समझ में जर्मनी की कोई सानी नहीं थी। फायजर और इरहार्ट ने तब अमेरिका में ऐसे केमिकल्स बनाने का निर्णय लिया, जो वहां नहीं बनते थे। चॉर्ल्स फायजर ने अपने पिता से 2500 डॉलर का कर्ज लिया और बुकलिन न्यूयार्क में एक छोटी-सी रेड ब्रिक बिल्डिंग खरीदी। इस बिल्डिंग को ऑफिस, लेबोरेटरी, फैक्ट्री और वेयर हाउस यानी 'वन इन ऑल' बनाकर सन् 1849 में चॉर्ल्स फायजर ने अपने कजन चॉर्ल्स इरहार्ट के साथ स्थापित की 'चॉर्ल्स फायजर एंड कंपनी'। वे यहां फाइन केमिकल्स बनाने लगे, पर यह उनकी नियति नहीं थी।

19वीं सदी में अमेरिकन इंटेस्टाइनल वार्म्स (पेट के कीड़ों) से परेशान थे। उस समय इसकी एक ही ड्रग थी सेंटानीन। यह पानी में घुलती नहीं थी। इसका स्वाद भी बेहद तीखा व कड़ुआ होने से बच्चे इसे पसंद नहीं करते थे। अमेरिकन मांओं को इस परेशानी से मुक्ति दिलाने के लिए चॉर्ल्स फायजर ने अपनी केमिस्टिक सूझबूझ से सेंटानीन को बादाम फ्लेवर में बदला तो चॉर्ल्स इरहार्ट ने कन्फेक्शनरी समझ से केंडीकोन आकार में लांच किया। सेंटानीन के इस नए अवतार को अच्छा रिस्पांस मिला, पर चॉर्ल्स फायजर एंड कंपनी का भाग्योदय टार्टरिक एसिड ने किया।

जर्मन के मूल निवासी होने से फायजर के संस्थापक यूरोपियन कंपनियों के

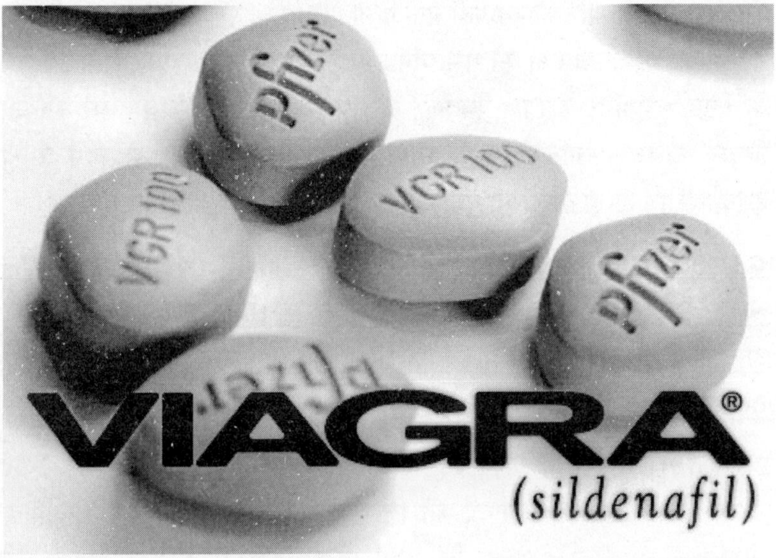

संपर्क में थे। उनसे उन्होंने जाना कि अंगूर, केला, इमली में टार्टरिक अम्ल है, जिसे बैकिंग सोडा में मिलाने से फूड प्रोसेसिंग बेवरेजेस व बैकरी उत्पादों के इनग्रेडिएंट्स/प्रिजरवेटिव बन सकते हैं। इन फलों को सड़ाने से वाइन बनती है। फलों को सड़ाने की प्रक्रिया में वाइन के पीपों में टार्टर अम्ल इकट्ठा होता है। चॉर्ल्स फायजर व चॉर्ल्स इरहार्ट ने यह क्रूड वेस्ट फ्रांस और इटली से आयात किया और वे इससे टार्टर व टार्टरिक एसिड बनाने लगे। इसे अमेरिकन फूड प्रोसेसिंग व रसायन उद्योग से अच्छा रिस्पांस मिला।

अमेरिकन गृहयुद्ध (1861–1865) के दौरान घावों के उपचार व दर्द निवारक औषधियों की मांग बढ़ी। फायजर एंड कंपनी ने टार्टरिक एसिड का स्किन कुलेंट व लेक्सेटिव की तरह उपयोग करते हुए टार्टर क्रीम के अलावा आयोडीन, मोर्फाइन, क्लोरोफार्म, केम्फोर, मर्क्यूरिएल्स जैसी ड्रग्स बनाई। गृहयुद्ध में घायल फौजियों के लिए सरकार ने फायजर के इन उत्पादों की बल्क खरीदी की तो फोटोग्राफी में भी इनका फिल्म प्रोसेसिंग में उपयोग हुआ। गृहयुद्ध ने फायजर को फाइन केमिकल्स कंपनी के साथ रिसर्च व शोध

आधारित फार्मास्युटिकल कंपनी बना दिया। सन् 1867 में अमेरिकन इंस्टीट्यूट ने फायजर के संस्थापकों को रासायनिक सूझबूझ व उसके व्यावहारिक उपयोग के लिए सम्मानित किया। फायजर ने अपने उत्पादों की पैकिंग पर अंकित किया 'फायजर क्वालिटी' यानी क्वालिटी प्रोडक्ट। सन् 1871 में फायजर का टर्नओवर 14 लाख डॉलर हो गया, जो 145 साल पहले बड़ी रकम थी।

सन् 1880 में लेमन और लाइनर नींबू, कागजी नींबू, चूना से फायजर ने सायट्रिक एसिड बनाया, जो (तब) न्यू सॉफ्ट ड्रिंक्स कोकाकोला, डॉ. पेप्पर और पेप्सी कोला का अहम् इनग्रेडिएंट्स था। यह फायजर का भी सिरमौर उत्पाद बन गया।

22 दिसंबर, 1891 को चॉर्ल्स इरहार्ट का 70 वर्ष की उम्र में निधन हो गया। उनके पुत्र विलियम को पिता की विरासत मिली, पर दोनों संस्थापकों के बीच एक समझौता हुआ था कि दोनों में जो जीवित रहेगा, उसे दूसरे की हिस्सेदारी आधे मूल्य पर खरीदने का अधिकार होगा। चॉर्ल्स फायजर ने यही किया। सन् 1899 में कंपनी ने जब 50वां स्थापना दिवस मनाया, तब फायजर इंडस्ट्रियल व फार्मास्यूटिकल कंपनियों के लिए सायट्रिक एसिड, केम्फोर, टार्टर क्रीम, बोरेक्स व आयोडीन जैसे कई उत्पाद बना रहा था। न्यूयार्क व शिकागो में कंपनी के दफ्तर थे। सन् 1906 में 82 वर्ष की उम्र में चॉर्ल्स फायजर का निधन हुआ।

अमेरिकन सिविल वॉर की तरह प्रथम व द्वितीय विश्वयुद्ध फायजर के लिए मौका साबित हुए। इसके सिरमौर उत्पाद सायट्रिक एसिड का कच्चा माल था केल्सियम साइट्रेट, जो इसे इटली से आयात करना पड़ता था। प्रथम विश्वयुद्ध में इसकी आपूर्ति में बाधा पड़ी तो फायजर के केमिस्ट जेम्स कुरई और जेस्पर हर्बर्ट काने ने पहले शुगर के फर्मेंटेशन से और फिर शीरा (मोलासिस) के डीप फर्मेंटेशन से सायट्रिक एसिड बनाने की तकनीक खोजी।

फायजर के ही केमिस्ट अलेक्जेंडर फ्लेमिंग ने सन् 1928 में पेनिसिलिन मोल्ड के एंटीबायोटिक गुणधर्म (प्रापर्टीज) को खोजा। जेम्स हार्ट कुरई, जेस्पर हर्बर्ट काने और अलेक्जेंडर फ्लेमिंग ने फायजर को चिकित्सा विज्ञान में बैक्टेरिया इन्फेक्शन से बचाव में पेनिसिलिन के उपयोग का गौरव दिलवाया। सन् 1936 में इस उपलब्धि में एक और आयाम जुड़ा। फायजर के डॉ. रिचर्ड पेस्टमेक ने फर्मेंटेशन मुक्त प्रणाली से एस्कार्बिक एसिड (विटामिन-सी) बनाया।

सन् 1941 में अमेरिकी सरकार की मांग पर फायजर ने द्वितीय विश्वयुद्ध में घायल सैनिकों के उपचार के लिए पेनिसिलिन का मॉस प्रोडक्शन किया।

फायजर को उन दिनों चौबीसों घंटे/सातों दिन उत्पादन करना पड़ा। विश्वयुद्ध की समाप्ति के बाद फायजर दुनिया की सबसे बड़ी 'मिरेकल ड्रग निर्माता' कंपनी बन गई। सन् 1943 में फायजर को 'आर्मी नेवी ई-अवार्ड' से नवाजा गया। किसी वाणिज्यिक कंपनी को पहली बार यह फौजी अवार्ड मिला।

सन् 1952 में फायजर ने टेरे हौते इंडियाना में 700 एकड़ के फार्म पर पशु स्वास्थ्य से जुड़ी समस्याओं के सॉल्यूशंस खोजने के लिए दुनिया की सबसे बड़ी रिसर्च सुविधाएं जुटाई। सन् 1972 में फायजर सालाना बिलियन डॉलर बिक्री वाली कंपनी बन गई। सन् 1998 में फार्चुन मैगजीन ने फायजर को दुनिया की सबसे उत्कृष्ट फार्मा कंपनी अवार्ड से नवाजा तो इसी साल दुनिया को फायजर से मिली यौन ऊर्जा बढ़ाने वाली न्यू-एज ड्रग वियाग्रा की सौगात।

166 साल पहले जन्मी फायजर इंक ने इम्युनोलॉजी, ओंकोलॉजी, कॉर्डियोलॉजी, डायबेटोलॉजी, एंडोक्रायनोलॉजी और न्यूरोलॉजी की सैकड़ों दवाइयां खोजी और बनाई हैं। 172 अरब डॉलर से ज्यादा की ग्लोबल प्रापर्टी और 78 हजार कर्मचारियों की फायजर अरबों डॉलर का सालाना कारोबार कर रही है।

पेट्रो रिफायनरी का बाय प्रोडक्ट

The Antidote to Dry Skin

वेसलीन –1870

वेसलीन ब्रांड के क्रिएटर चेसब्रो ने सन् 1872 में वेसलीन को प्रमोट करने के लिए एक घोड़ागाड़ी हायर की और 'वेसलीन-वेन' बनाकर न्यूयार्क राज्य के भ्रमण पर निकल पड़े। वे भीड़भरे इलाकों में रुकते और मदारी की तरह एसिड से अपनी स्कीन जलाते, हाथ पर छोटे-छोटे कट लगाते और लोगों से कहते कि एक-दो दिन में वेसलीन यह घाव ठीक कर देगा। वे भीड़ को अपने ठीक हो चुके घाव भी बताते और वेसलीन के फ्री सैम्पल पैक बांटते। इस प्रोडक्ट प्रमोशन को ऐसा रिस्पांस मिला कि सन् 1874 में अमेरिका में हर मिनट एक वेसलीन जार बिकने लगी।

रॉबर्ट अगस्त चेसब्रो

चिकित्सा विज्ञान इतना चमत्कारी हो गया है कि कटे अंग जोड़ देता है। 1850 की दुनिया की कल्पना करें। छोटे-छोटे कट्स व बर्न के उपचार के लिए मलहम नहीं था। मायनर घाव के सड़ने से मौत हो जाती थी। सन् 1870 में इन्वेन्टेड 'वेसलीन' दुनिया का पहला ऐसा उत्पाद है, जिसने प्रथम व द्वितीय विश्वयुद्ध के दौरान मोर्चों पर तैनात फौजियों के कट्स व बर्न को ठीक किया और बन गया मॉस प्रोडक्ट। वेसलीन आज कई कॉस्मेटिक्स व औषधियों का भी बेस रॉ मटेरियल है।

इन्वेंटेड प्रोडक्ट और मार्केट में पहले से मौजूद वैकल्पिक प्रोडक्ट की ब्रांडिंग में फर्क है। वैकल्पिक उत्पाद प्रतिस्पर्धी से बेहतर हो तो तत्काल बिकने लगता है, जबकि इन्वेंटेड प्रोडक्ट की उपयोगिता समझाने के बाद ग्राहक खरीदते हैं।

150 साल पहले वेसलीन के इन्वेंटर रॉबर्ट चेसब्रो को अपनी खोज को मॉस प्रोडक्ट बनाने के लिए सड़कों पर मजमा लगाना पड़ा था। वहां वे भीड़ के सामने अपनी कलई पर कट्स लगाते, बर्न करते और समझाते कि वेसलीन यह घाव ठीक कर देगा।

सन् 1837 में लंदन में जन्मे रॉबर्ट आगस्तस चेसब्रो के मां-पिता अमेरिकन थे। 1850 के दशक में वे अमेरिका शिफ्ट हो गए। यहां चेसब्रो ने रसायन शास्त्र का प्रशिक्षण लिया। उन दिनों आज की तरह केमिस्ट्री नहीं पढ़ाई जाती थी। खोजी स्वभाव के चेसब्रो ने अपने घर को ही प्रयोगशाला बनाया और किशोर उम्र में स्पर्म व्हेल्स के ऑइल से केरोसीन बना दिया। सन् 1859 में पेंसिलवानिया में पेट्रोलियम की खोज हुई, जिसने केरोसीन बनाना आसान कर दिया। इसके

साथ चेसब्रो की केरोसीन बनाने की तकनीक कालातीत हो गई। 22 वर्ष की उम्र में वे यह जानने के लिए पेंसिलवानिया पहुंच गए कि पेट्रोलियम से रोजमर्रा के उपयोग की और कौन-सी वस्तु बनाई जा सकती है। वहां उन्होंने देखा कि रिफायनरीज में चर्बी जैसा एक पदार्थ पेराफिन निकलता है। श्रमिकों को बार-बार ऑइल ड्रिलिंग रोककर यह बाधा दूर करना पड़ती है। वे इस वेस्ट को रॉड वाक्स (बाधक मोम) कहते हैं, पर अपने छोटे-छोटे कट्स व बर्न्स का इससे उपचार भी करते हैं।

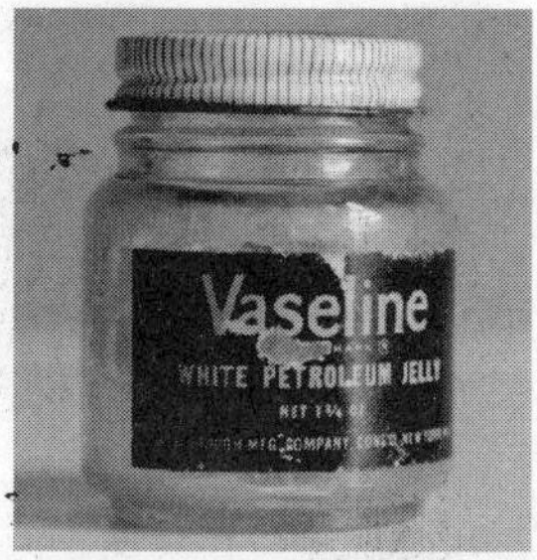

चेसब्रो इस पेट्रो वेस्ट के कई नमूने लेकर ब्रुकलिन (यूएसए) लौटे। वे जानते थे कि जब तक इसमें समाई गंदगी (अवशिष्ट) को निकालकर वे इसका लुक नहीं बदलेंगे, तब तक बात नहीं बनेगी। चेसब्रो ने सबसे पहले कथित रॉड वाक्स की वैक्यूम डिस्टिलिंग की और फिर बोन चार (पशुओं की हड्डियों से प्राप्त ग्रेन्यूअल्स) से फिल्टरिंग। इस प्रक्रिया ने पेट्रो वेस्ट को क्लीन कर दिया तो मिला हलके रंग का साफ-स्वच्छ जेल, जिसे हम आज 'वेसलीन' के नाम से जानते हैं।

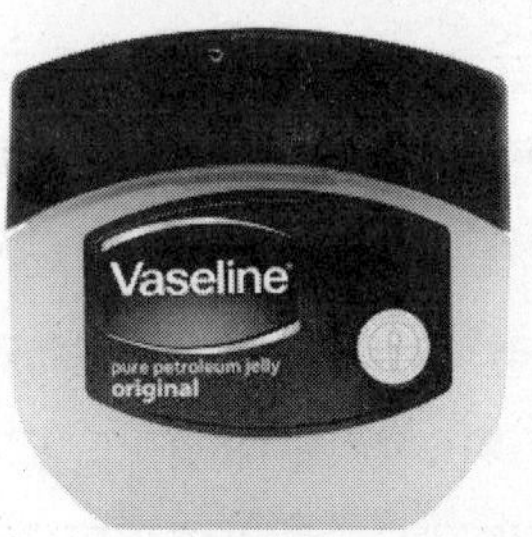

पांच साल की इस मशक्कत के बाद चेसब्रो ने 'वंडर जेली' के नाम से अपनी खोज चिकित्सा वैज्ञानिकों को भेजी। वे चाहते थे, वंडर जेली को कट्स व बर्न की औषधि के रूप में मान्यता मिले, पर उन्हें जवाब मिला- 'इस जेली की कोई मेडिकल वैल्यू नहीं है। इसे स्कीन सोखती नहीं है। यह केवल बेरियर का काम करती है, यानी कट्स को पर्यावरणीय प्रदूषण, धूल व नमी से बचाती है।' जिद्दी स्वभाव के चेसब्रो ने सन् 1870 में बुकलिन में एक छोटी-सी फैक्ट्री लगाई।

सन् 1872 में वेसलीन ब्रांड नेम से अपनी खोज के पेटेंट अधिकार प्राप्त किए। वाटर के लिए जर्मन शब्द 'वासर' (Wasser) और ऑइल के लिए ग्रीस शब्द 'आलिएन' (Elain) से चेसब्रो ने नया शब्द गढ़ा– 'वेसल'। इसके अंत में उन्होंने 'आईएनई' जोड़ा, ताकि ब्रांड नेम साइंटिफिक लगे।

अपने उत्पाद के नामकरण के बाद चेसब्रो ने मार्केटिंग मोर्चा संभाला। उन्होंने एक घोड़ागाड़ी हायर की और 'वेसलीन-वेन' बनाकर न्यूयार्क राज्य के भ्रमण पर निकल पड़े। वे भीड़ भरे इलाकों में रुकते और मदारी की तरह एसिड से अपनी स्किन जलाते, हाथ पर छोटे-छोटे कट लगाते और लोगों से कहते कि एक-दो दिन में वेसलीन यह घाव ठीक कर देगा। वे भीड़ को अपने ठीक हो चुके घाव भी बताते और वेसलीन के फ्री सैम्पल पैक बांटते। इस प्रोडक्ट प्रमोशन को ऐसा रिस्पांस मिला कि सन् 1874 में अमेरिका में हर मिनट एक वेसलीन जार बिकने लगी। एक साल बाद सन् 1875 में चेसब्रो ने स्थापित की एक कंपनी 'चेसब्रो मेन्यूफेक्चरिंग'।

सन् 1883 में वेसलीन ब्रांड को बिना शुल्क ब्रांड एंबेसेडर मिला और वह भी

शाही। ब्रिटेन की महारानी विक्टोरिया ने राबर्ट चेसब्रो को नाइडहुड की उपाधि से नवाजते हुए कहा- 'मैं रोज वेसलीन जेली वापरती हूं।' क्वीन के इस इंडोर्समेंट ने वेसलीन को मॉस प्रोडक्ट बना दिया तो विश्वयुद्ध ने छोटे-छोटे कट्स व सन बर्न की अघोषित औषधि बनाया। प्रथम व द्वितीय विश्वयुद्ध के दौरान वेसलीन जेली ने मोर्चों पर तैनात सैनिकों के मायनर कट्स व बर्न्स का कारगर उपचार किया। युद्ध की रिपोर्टिंग करते हुए न्यूयार्क टाइम्स ने तब लिखा था- 'वेसलीन जेली मोर्चे पर तैनात सैनिकों को कट्स व बर्न्स से राहत प्रदान कर रही है।'

विश्वयुद्ध के बाद वेसलीन सारी दुनिया में पहुंचा। अमेरिका के अलावा यूरोप, कनाडा व अफ्रीका में इसकी मैन्यूफैक्चरिंग इकाइयां स्थापित हुई। वेसलीन की मांग बढ़ने से इसकी नकल मार्केट में आई तो चेसब्रो ने ट्रिपल प्यूरीफाइड ब्लू सील जारी की। यह इस बात की पुष्टि करने लगी कि ब्लू सील वाला वेसलीन पैक शुद्धता की तीन प्रक्रिया व कड़े परीक्षण के बाद मार्केट पहुंचा है। यह सील आज भी वेसलीन की शुद्धता की गारंटी बनी हुई है। सन् 1933 में चेसब्रो का 96 वर्ष की उम्र में निधन हुआ। वे कहते भी थे- 'मैं खूब जीऊंगा, क्योंकि मैंने रोज एक चम्मच वेसलीन का सेवन किया है।'

सन् 1955 में पोंड्स एक्सट्रेक्ट के साथ विलयन के बाद चेसब्रो मैन्यूफैक्चरिंग कंपनी का नाम हो गया- 'चेसब्रो पोंड्स'। सन् 1967 में इसे यूनिलीवर ने खरीद लिया। यूनिलीवर आज प्लेन पेट्रो जेली वेसलीन के अलावा वेसलीन बेस कई उत्पाद बना रहा है, जैसे- स्किन क्रीम, साबुन, लोशन, क्लीनर्स, डिओड्रेंट्स, पर्सनल लुब्रिकेंट्स, फेशियल, लिप थैरेपी आदि। मजेदार बात यह है कि स्किन केयर के अलावा लोगों ने वेसलीन के कई अन्य उपयोग किए हैं। वूड प्रोटेक्टर, वूड पॉलिश, लेदर कंडीशनर, लुब्रिकेटर, फ्रीज क्लीनर, शू व मेटल शायनर भी है वेसलीन।

चेसब्रो का तो निधन हो गया है, पर उनकी खोज वेसलीन 154 साल की उम्र में भी युवा है।

A brand is a name, term, design, symbol or other feature that distinguishes one seller's product from those of others. Brands are used in business, marketing and advertising. Initially, livestock was adopted to differentiate one person's cattle from another's by means of a distinctive symbol burned into the animal's skin with a hot branding iron.

सबसे ज्यादा बिकने वाला बेवरेज

दूध की शक्ति बढ़ाओ

हार्लिक्स –1873

जेम्स हार्लिक्स/विलियम हार्लिक्स

उन दिनों शुद्ध दूध नहीं मिलता था। मिल्क पाश्चुराइज्ड तकनीक विकसित नहीं हुई थी। जेम्स व विलियम ऐसा न्यूट्रीएंट्स बनाना चाहते थे, जो अपने आप में संपूर्ण हो और जिसे जब चाहें, जहां चाहें उपयोग कर सकें। वे कई फार्मासिस्ट से मिले। उन्होंने कहा– 'केमिकली व मैकेनिकली दूध का ऐसा रूपांतरण नहीं हो सकता, जो देर तक शुद्ध व ताजा रहे।' जेम्स व विलियम ने वैक्यूम में 140 डिग्री ताप पर दूध को उबाला, इससे मिले ठोस पावडर में माल्टेड जौ व दलिया के मिक्स को गरम पानी में डालकर उन्होंने जो ड्रिंक बनाया, वही आज का 'हार्लिक्स' है।

हार्लिक्स ऐसा अद्‌भुत ब्रांड है, जिसने अपने इन्वेंटर्स को भी चौंकाया है। उन्होंने इसे बच्चों को कुपोषण से बचाने के लिए दूध के विकल्प के रूप में विकसित किया था, पर हल्का, नॉन पेरीशेबल (अविकारी) व हाई कैलोरी के कारण यह फौजियों, अंटार्कटिका के खोजी वैज्ञानिकों, पर्वतारोहियों व पर्यटकों का आपातकालीन फूड बन गया।

हार्लिक्स का अलग-अलग मार्केट में भी अलग अंदाज में स्वागत हुआ। हांगकांग के फास्ट फूड आउटलेट्स इसे गरम दूध या बर्फ के साथ हॉट व कोल्ड कॉफी ड्रिंक्स के रूप में सर्व करते हैं। दक्षिण-पूर्वी एशिया के फिलीपींस व मलेशिया में यह मिल्की चॉकलेट फ्लेवर में पेपर पैक में बिकता है। सिंगापुर में इसे 'टॉलर, स्ट्रांगर व शार्पर' पंच लाइन के साथ बड़े ग्लास व कंटेनर में बेचा जाता है। इंग्लैंड, न्यूजीलैंड व ऑस्ट्रेलिया में हॉट मिल्क के साथ पिया जाता है तो आइसक्रीम में भी मिक्स किया जाता है। हमारा देश तो हार्लिक्स ब्रांड का सबसे बड़ा मार्केट है, जहां अपने प्रतिद्वंद्वियों (कॉम्पलॉन, बोर्नविटा व बूस्ट) को इसने खूब छकाया व थकाया है।

हार्लिक्स ब्रांड आज ग्लेक्सो स्मिथक्लाइन यूके की प्रॉपर्टी है, जो इसे इंग्लैंड, दक्षिण अफ्रीका, न्यूजीलैंड, बांग्लादेश, पाकिस्तान, जमैका व भारत में बनाती व बेचती है, पर इसके इन्वेंटर्स हैं दो भाई- जेम्स हार्लिक्स और विलियम हार्लिक्स। ब्रिटेन के ग्लूसेस्टरशायर राज्य के फॉरेस्ट ऑफ डीन में सन् 1844 में जेम्स और सन् 1846 में जन्मे थे विलियम। उनके पिता घोड़ों की काठी बनाते थे, यानी जीनसाज थे। 170 साल पहले घुड़सवारी का खूब चलन था। पिता ने जेम्स व विलियम को पढ़ाई के लिए हेम्पशायर भेजा। इंग्लैंड में जेम्स

व विलियम ने नवजात शिशुओं के लिए पोषक ड्राय फूड्स बनाने की कोशिश की, पर अनुभव व पूंजी के अभाव में वे सफल नहीं हुए।

1860-70 के दशक में अमेरिका 'ग्रो' हो रहा था। दुनिया के विभिन्न देशों के उद्यमी वहां कारोबार की खोज के लिए पहुंच रहे थे। सन् 1869 में विलियम हार्लिक्स भी अमेरिका शिफ्ट हो गए। यहां रेसीन (विस्कोन्सिन) में दो-तीन साल उन्होंने अपने एक दूर के रिश्तेदार की मदद से अपने लिए व्यापार-व्यवसाय की खोज की। उन दिनों दुनिया में संपन्न व विकसित देश बहुत कम थे। जो थे, वहां भी बच्चे कुपोषण के शिकार थे।

विलियम ने बड़े भाई जेम्स हार्लिक्स को जिद करके अमेरिका बुला लिया। जेम्स फार्मासिस्ट (होम्योपैथी) की डिग्री प्राप्त कर चुके थे। उन्होंने लंदन की बेबी फूड्स बनाने वाली कंपनी मेलिन फूड्स में नौकरी भी की थी। दोनों भाइयों ने एक बार फिर बच्चों के लिए पोषक फूड्स बनाने का निर्णय लिया। उन्होंने जौ व दलिया को मिलाकर गरम पानी में 'मेश' किया। इससे जौ व दलिया में मौजूद स्टार्च शकर में तब्दील हो गई। इसे गरम दूध में मिक्स करने से सुस्वादु पोषक ड्रिंक्स तो बन गया, पर जेम्स व विलियम संतुष्ट नहीं थे।

उन दिनों शुद्ध दूध नहीं मिलता था। मिल्क पाश्चुराइज्ड तकनीक विकसित नहीं हुई थी। दूध को देर तक जर्ममुक्त रखना संभव नहीं था। जेम्स व विलियम ऐसा न्यूट्रीएंट्स बनाना चाहते थे, जो अपने आप में संपूर्ण हो और जिसे जब चाहे, जहां चाहे उपयोग कर सकें। वे कई जाने-माने फार्मासिस्ट से मिले। उन्होंने कहा- 'केमिकली व

मैकेनिकली दूध का ऐसा रूपांतरण नहीं हो सकता, जो देर तक शुद्ध व ताजा रहे। अपनी ऊर्जा, पैसा व समय खर्च मत करो।' धुन के धनी जेम्स व विलियम प्रयोग करते रहे। उन्होंने वैक्यूम में 140 डिग्री ताप पर दूध को उबालकर पानी मुक्त किया। इससे मिले दूध के ठोस पावडर में माल्टेड जौ व दलिया के मिक्स को गरम पानी में डालकर उन्होंने जो ड्रिंक बनाया, वही आज का 'हार्लिक्स' है। आज यह सब आसान लगता है, पर डेढ़ सौ साल पहले ना तो आज जैसी तकनीक उपलब्ध थी और ना ही उपकरण।

दस साल की मशक्कत के बाद जेम्स व विलियम इन्फेंट्स व इनवेलिड्स (नौनिहाल व अशक्त लोगों) के लिए कृत्रिम माल्टेड मिल्क बनाने में सफल हो गए तो सन् 1873 में दोनों भाइयों ने शिकागो में एक कंपनी बनाई जे. एंड डब्ल्यू. हार्लिक्स। अपने उत्पाद का उन्होंने नामकरण किया– 'डाइसटाइड' जो हार्लिक्स के नाम से इतना लोकप्रिय हुआ कि मूल नाम गुम हो गया और हार्लिक्स बन गया दुनिया का पहला माल्टेड मिल्क ड्रिंक।

सन् 1875 में हार्लिक्स बंधुओं ने रेसीन में बड़े परिसर में बिजनेस शिफ्ट किया। विलियम हार्लिक्स ने ताजा दूध की प्राप्ति के लिए गोशालाएं स्थापित कीं तो पशुपालक किसानों से दूध खरीद का अनुबंध किया। सन् 1883 में हार्लिक्स बंधुओं के माल्टेड मिल्क ड्रिंक मिक्सिंग पावडर को अमेरिकन पेटेंट मिल गया। सन् 1890 में जेम्स हार्लिक्स लंदन लौट गए। यहां उन्होंने यूएस मेड उत्पाद की दूसरे देशों में बिक्री शुरू की। हार्लिक्स माल्टेड ड्रिंक इतना लोकप्रिय हुआ कि हार्लिक्स बंधुओं को मेन्यूफेक्चरिंग सुविधाओं का विस्तार करना पड़ा।

सन् 1910 में हार्लिक्स को बड़ा ब्रेक मिला। नार्थ पोल व साउथ पोल के खोजी वैज्ञानिकों को विलियम हार्लिक्स ने आर्थिक सहयोग के साथ वैकल्पिक फूड्स के लिए हार्लिक्स की आपूर्ति की। विलियम हार्लिक्स की इस उदारता व हार्लिक्स ड्रिंक्स की आपातकालीन उपयोगिता से अभिभूत होकर अंटार्कटिका की एक पहाड़ी श्रृंखला का नामकरण किया गया है– विलियम माउंटेंस। 1914

में प्रथम विश्वयुद्ध के समय मित्र देशों की फौजों ने भी ऐसे अनजान मोर्चों पर हार्लिक्स हेल्थ फूड्स का सेवन किया, जहां भोजन नहीं पहुंच पाता था।

सन् 1921 में जेम्स हार्लिक्स का निधन हुआ तो विलियम हार्लिक्स ने अमेरिकन बिजनेस संभाला और जेम्स के पुत्रों ने शेष दुनिया में हार्लिक्स की ब्रांडिंग व बिक्री का दायित्व। सन् 1931 में हार्लिक्स को बेड टाइम गुड ड्रिंक के रूप में प्रमोट किया गया। सन् 1935 में ऑस्ट्रेलिया में मेन्यूफेक्चरिंग प्लांट लगाया गया तो इसी साल न्यूजीलैंड में हार्लिक्स मिल्की फ्लेवर्ड चॉकलेट पेपरपैक में पेश की गई। केंडी के रूप में पेश की गई हार्लिक्स टेबलेट्स का द्वितीय विश्वयुद्ध के दौरान अमेरिकन व ब्रिटेन के साथ मित्र देशों की फौजों ने मोर्चे पर सेवन किया। ये टेबलेट्स आज मलेशिया में 'हार्लिक्स माल्टीज' के नाम से लोकप्रिय हैं। सन् 1936 में 90 वर्ष की उम्र में जेम्स हार्लिक्स का निधन हुआ। इसके बाद हार्लिक्स का अमेरिकन व्यापार ब्रिटिश हार्लिक्स का हिस्सा बन गया। सन् 1969 में बीचम ग्रुप ने हार्लिक्स को खरीद लिया, जो सन् 1989 में स्मिथक्लाइन बीचम हुई, जो अब है ग्लेक्सो/स्मिथक्लाइन।

कारोबार से ज्यादा सामाजिक सरोकार से जुड़े हार्लिक्स बंधु उदारमना उद्यमी भी थे। जेम्स हार्लिक्स सन् 1914 में नाइटहुड अवार्ड (ब्रिटेन का सर्वोच्च सम्मान) से नवाजे गए। नार्वे सरकार ने विलियम हार्लिक्स को यही सम्मान प्रदान किया। हार्लिक्स ब्रांड से अमेरिका के अनजान से शहर रेसीन की विश्व मानचित्र में पहचान बनाने वाले विलियम हार्लिक्स ने रेसीन में एक मेमोरियल हॉल, सेंट ल्यूक हॉस्पिटल में एक मेटरनिटी यूनिट, एक आइसलैंड पार्क और एथेलिट फील्ड बनवाया तो एक हाईस्कूल के लिए जमीन दान में दी। कई राष्ट्रीय-अंतरराष्ट्रीय फुटबॉल टूर्नामेंट को उन्होंने स्पांसर किया। विलियम हार्लिक्स की संतानों ने पिता की स्मृति में एक फैमिली म्यूजियम बनवाया है। यहां स्थापित विलियम हार्लिक्स की आदमकद प्रतिमा के नीचे उनका एक कथन अंकित है-'इट इज टू बेड, मेनी पीपुल थिंक ओनली ऑफ मनी, टू बेड'।

भारत में हार्लिक्स

द्वितीय विश्वयुद्ध से लौटे ब्रिटिश आर्मी के भारतीय सैनिक भारत में सबसे पहले हार्लिक्स लाए थे। पंजाब, बंगाल और मद्रास की रियासतों के संपन्न परिवारों ने इसे सबसे पहले फैमिली ड्रिंक के रूप में अपनाया था। 1940 व 50 के दशक में अमीरों व उच्च मध्यमवर्गीय परिवारों में यह स्टेटस सिंबाल बन गया था।

70 के दशक के पहले हमारे देश में दूध की कमी थी। गरम पानी को दूध जैसा सुस्वादु व पोषक बनाने वाले हार्लिक्स को उन दिनों आसानी से भारतीय परिवारों में इंट्री मिल गई। 'श्वेत क्रांति' के बाद भारत दुनिया का सबसे बड़ा दूध उत्पादक देश बना तो लगा कि अब लोग हार्लिक्स के बजाय सीधे दूध पीएंगे। हार्लिक्स ब्रांड ने इस चुनौती को अवसर में बदला और एक एड जारी किया, जिसका काल्पनिक पात्र थी 'समझदार सुचित्रा'। इस एड का संदेश था अपने परिवार को रोज हार्लिक्स ड्रिंक पिलाएं ताकि वे स्वस्थ रहें, मजबूत बनें। एंग्रीमैन अमिताभ बच्चन ने तब हार्लिक्स के रेडियो जिंगल्स को अपनी दमदार आवाज दी और इस इमोशनल एड को इंडोर्स किया।

इसके बाद हार्लिक्स को टीवी कॉमर्शियल में प्रीमियम हेल्थ ड्रिंक ब्रांड के रूप में प्रमोट किया गया, जिसकी पंच लाइन थी– 'वाय डू आई ड्रिंक हार्लिक्स'। 90 के दशक के बाद हार्लिक्स को व्यक्तिगत पेय के रूप में पेश किया गया– एक से तीन साल के शिशुओं के लिए 'जूनियर हार्लिक्स', स्तनपान करवाने वाली मांओं के लिए 'मदर हार्लिक्स', सामान्य महिलाओं के लिए 'वुमेन्स हार्लिक्स' तो एडल्ट्स खासकर डायबिटीज रोगियों के लिए 'लाइट हार्लिक्स'। सन् 2003 में वनीला, टॉफी, चॉकलेट, हनी, इलायची व केसर बादाम जैसे फ्लेवर्स में हार्लिक्स ड्रिंक्स की लांचिंग हुई। हार्लिक्स को अंब्रेला ब्रांड में बदलते हुए सन् 2009 में बिस्किट व नूडल्स तो सन् 2010 में ओट्स पेश किए गए।

ऐसी दिलचस्प ब्रांडिंग का ही सुफल है कि ग्लेक्सो स्मिथक्लाइन इंडिया के कारोबार में हार्लिक्स ब्रांड की हिस्सेदारी 80 फीसदी से ज्यादा है। पैक्ड वाटर के बाद यहां सबसे ज्यादा बिकने वाला बेवरेज है 'हार्लिक्स'।

The oldest generic brand, in continuous use in India since the Vedic period (ca. 1100 B.C.E to 500 B.C.E), is the herbal paste known as Chyawanprash, consumed for its purported health benefits and attributed to a revered Rishi or seer named Chyawan. This product was developed at Dhosi Hill, an extinct volcano in northern India.

BOMBAY DYEING

सबसे पुराना स्वदेशी ब्रांड

Change is beautiful

सर लवजी नूसेरवान/नोरोसजी वाडिया/ नुस्ली वाडिया

बॉम्बे डाइंग –1879

निविले वाडिया के साइंस व विधि स्नातक पुत्र नुस्ली वाडिया (वर्तमान चेयरमैन वाडिया ग्रुप) ने सन् 1966 में बॉम्ब डाइंग को ट्रेनी की हैसियत से ज्वाइन किया। नुस्ली वाडिया की नियति है विवाद व संघर्ष। बॉम्बे डाइंग को बचाने के लिए नुस्ली वाडिया को तीन बार अपनों और परायों से लड़ाई लड़ना पड़ी। सन् 1971 में उनके पिता ने कलकत्ता के आर.पी. गोयनका को बॉम्बे डाइंग बेचना चाही। निविले वाडिया बॉम्बे डाइंग बेचकर स्विट्जरलैंड में बसना चाहते थे, पर नुस्ली वाडिया अड़ गए। उनका कहना था– 'जहां जड़ें हैं वहीं रहें।'

भारतीय उद्योग जगत के सिरमौर उद्यमी हैं टाटा व वाडिया। वाडियाज ने टाटा से पहले भारतीय उद्योग जगत में इंट्री ली थी, पर टाटा ग्रुप ज्यादा तेजी से दौड़ा और लोकल से ग्लोबल उद्योग समूह बन गया। इन सबके बावजूद बॉम्बे डाइंग की सौ साल से ज्यादा लंबी पारी दर्शाती है कि वाडियाज विवादों के बीच कारोबार करने में माहिर हैं।

बॉम्बे डाइंग की जड़ें वाडिया ग्रुप से जुड़ी हुई हैं। करीब 300 साल पहले पारसी उद्यमी सर लवजी नूसेरवानजी वाडिया भारत आए थे। सन् 1736 में उन्होंने वाडिया ग्रुप की स्थापना की और भारत में बनाया एशिया का पहला ड्राय डेक। अंग्रेजों ने यहां से कच्चा माल इंग्लैंड भेजा और वहां कई उद्योग जन्मे और पनपे, जैसे मेनचेस्टर में कपड़ा मिलें। सर लवजी नूसेरवानजी ने टिम्बर व टी ट्रेडिंग की तो सस्ते जमाने में बॉम्बे (अब मुंबई) में खूब अचल संपदा भी खरीदी। वाडिया ग्रुप ने 350 से ज्यादा समुद्री जहाज डिजाइन किए व बनाए और देश को बड़ा कॉटन पोर्ट्स बनाने का गौरव भी जुटाया।

लवजी नूसेरवानजी वाडिया के वंशज नौरोसजी वाडिया ने सन् 1879 में भारत में चरखे से काते जाने वाले धागे की छोटी-सी डाइंग यूनिट स्थापित की- 'बॉम्बे डाइंग स्पिनिंग मिल्स।' यही बॉम्बे डाइंग आज वाडिया ग्रुप का सिरमौर (दूसरा ब्रिटानिया) ब्रांड है। नौरोसजी वाडिया के पुत्र निविले वाडिया ने कैम्ब्रिज यूनिवर्सिटी से शिक्षा प्राप्त करने के बाद सन् 1931 में बॉम्बे डाइंग को ज्वाइन किया। उनका पाकिस्तान के संस्थापक मोहम्मद अली जिन्ना की बेटी दीना जिन्ना से विवाह हुआ। सन् 1952 में पिता के निधन के बाद निविले

वाडिया बॉम्बे डाइंग के चेयरमैन बने। सन् 1956 में उन्होंने हाईटैक ऑटोमैटिक विविंग मशीन स्थापित की। 48 साल के उनके कार्यकाल में ही बॉम्बे डाइंग देश का अग्रणी टेक्सटाइल ब्रांड बना।

निविले वाडिया के साइंस व विधि स्नातक पुत्र नुस्ली वाडिया (वर्तमान चेयरमैन वाडिया ग्रुप) ने सन् 1966 में बॉम्ब डाइंग को ट्रेनी की हैसियत से ज्वाइन किया। नुस्ली वाडिया की नियति है विवाद व संघर्ष। बॉम्बे डाइंग को बचाने के लिए नुस्ली वाडिया को तीन बार अपनों और परायों से लड़ाई लड़ना पड़ी। सन् 1971 में उनके पिता ने कलकत्ता के आर.पी. गोयनका को बॉम्बे डाइंग बेचना चाही। निविले वाडिया का सोच था कि आजादी के बाद आर्थिक प्रतिबंधों ने राजनेताओं और ब्यूरोक्रेसी को इतना ताकतवर बना दिया है कि भारत में नैतिक मूल्यों के साथ व्यापार-व्यवसाय नहीं किया जा सकता। निविले वाडिया बॉम्बे डाइंग बेचकर स्विट्जरलैंड में बसना चाहते थे, पर नुस्ली वाडिया अड़ गए। उनका कहना था कि किसी दूसरे देश में दोहरी नागरिकता के साथ रहने से बेहतर है जहां जड़ें हैं वहीं रहें, चाहे संघर्ष करना पड़े। जेआरडी टाटा की मदद से कंपनी के शेयरधारकों से नुस्ली ने बॉम्बे डाइंग बेचने के पिता के निर्णय को अस्वीकार करवा दिया। पिता ने भी पुत्र को

मेच्योर्ड बिजनेसमेन बनते देखा तो सन् 1977 में कंपनी के सूत्र नुस्ली वाडिया को सौंप दिए और स्विट्जरलैंड शिफ्ट हो गए।

निविले वाडिया पूरी तरह गलत भी नहीं थे। धीरूभाई अंबानी ने पोलिएस्टर उद्योग में इंट्री ले ली थी। बॉम्बे डाइंग इस उद्योग की तब लीडर कंपनी थी। इस हैसियत के लिए धीरूभाई और नुस्ली वाडिया में जो जंग हुई, वह भारतीय टेक्सटाइल उद्योग में 'पोलिएस्टर वॉर' कही जाती है। यह भी कहते हैं कि इसका ही बॉय प्रोडक्ट था राजीव गांधी व वी.पी. सिंह के बीच पोलिटिकल वॉर।

रिलायंस और बॉम्बे डाइंग की कॉरपोरेट जंग में तत्कालीन वित्तमंत्री वी.पी. सिंह और रामनाथ गोयनका (इंडियन एक्सप्रेस) शामिल हो गए। इंडियन एक्सप्रेस की रिपोर्टिंग के आधार पर वी.पी. सिंह ने रिलायंस के विरुद्ध जांच करवाई। प्रधानमंत्री राजीव गांधी और वी.पी. सिंह में विवाद हुआ। वी.पी. सिंह ने बोफोर्स का मुद्दा उछाल दिया। नुस्ली वाडिया पर भी आंच आई। उन्हें पुलिस ने गिरफ्तार कर लिया। नुस्ली वाडिया ने राजीव गांधी से मिलना चाहा, पर सन् 1991 तक उन्हें प्रतीक्षा करना पड़ी। इस मुलाकात के बाद दोनों के बीच गलतफहमियां दूर हुईं। इस पोलिएस्टर वॉर ने बड़ौदा रेयान, आर्के व निलॉन जैसी कई कंपनियां बंद करवा दी तो बॉम्बे डाइंग ब्रांड को टेक्सटाइल उद्योग की लीडरशिप रिलायंस इंडस्ट्रीज को सौंपना पड़ी। एक पुराने साक्षात्कार में

नुस्ली वाडिया ने कहा है– ''70 व 80 के दशक में इंडियन पोलिएस्टर उद्योग में खूब छल–कपट हुआ। उन दिनों जो लोग परमिट व लाइसेंस प्राप्त करने या कानून–कायदों का उल्लंघन करने में माहिर थे, वे उद्योग के सिरमौर हो गए और जो नैतिक मूल्यों के साथ व्यापार–व्यवसाय करना चाहते थे, वे हाशिए पर धकेल दिए गए।''

सन् 2000 में एक बार फिर नुस्ली वाडिया को बोर्ड रूम बेटल का सामना करना पड़ा। कलकत्ता के जूट बिजनेस टायकून अरुण बजोरिया ने बॉम्बे डाइंग की 15 फीसदी इक्विटी खरीद ली। वे बॉम्बे डाइंग को खरीदें, इसके पहले नुस्ली वाडिया सचेत हो गए, पर ऑनरशिप बचाने का उन्हें मूल्य चुकाना पड़ा।

चाहे जो हो, बॉम्बे डाइंग स्टाइलिश लिनेन्स, टॉवेल्स, बेड कवर्स, होम फर्निशिंग, लीजर क्लाथिंग, किड्स वियर उत्पादों के लिए मध्यमवर्गीय ग्राहक समुदाय का आज भी सबसे विश्वसनीय ब्रांड है। देश में 350 से ज्यादा एक्सक्लूसिव बॉम्बे डाइंग रिटेल आउटलेट्स और 2000 से ज्यादा मल्टी ब्रांड

स्टोर्स बॉम्बे डाइंग के उत्पाद बेच रहे हैं।

सन् 2005 में बॉम्बे डाइंग को होम एंड लाइफ स्टाइल रिटेलर, सन् 2006–07 में सुपर ब्रांड, होम फर्निशिंग बेस्ट ब्रांड और सन् 2013 में रिटेल सेक्टर के ब्रांड लीडरशिप अवाइर्स से नवाजा गया है। वाडिया ग्रुप की सिरमौर कंपनियां हैं बॉम्बे डाइंग, बॉम्बे रिएल्टी और ब्रिटानिया इंडस्ट्रीज। वाडिया ग्रुप की गो–एयर लो–कॉस्ट हवाई सेवा प्रदान कर रही है। नुस्ली वाडिया मुंबई में बड़े लैंड बैंक के भी मालिक हैं। पूर्व एयर होस्टेस मॉरिन (वर्तमान में ग्लोडरेग्स मैगजीन की हेड) से विवाहित नुस्ली वाडिया दो पुत्र नेस व जेह के पिता हैं। जेह बॉम्बे डाइंग के मैनेजिंग डायरेक्टर हैं। नेह वाडिया गो–एयर के संस्थापक–संचालक।

Brand loyalty is defined as positive feelings towards a brand and dedication to purchase the same product or service repeatedly now and in the future from the same brand, regardless of a competitor's actions or changes in the environment. It can also be demonstrated with other behaviors such as positive word of mouth advocacy. Brand loyalty is where an individual buys products from the same manufacturer repeatedly rather than from other suppliers.

NIVEA

sun

बर्फ जैसा उजला

Live life with a smile

नीविया –1882

बीयर्सडॉर्फ में चिकित्सा संबंधी खोज को लेकर जुनूनी जिद थी। दड़बेनुमा कमरे की अपनी लैब में बीयर्सडॉर्फ ने घाव पर लगाई जाने वाली मेडिकेटेड बैंडेज बनाई, जो मॉडर्न प्लास्टर टेक्नोलॉजी की बुनियाद है। बीयर्सडॉर्फ ने इसका नाम रखा 'गटाप्लास्ट'। मार्च, 1880 में अपने एक अन्य डॉक्टर मित्र डॉ. पॉल गर्सन उना के साथ बीयर्सडॉर्फ ने एक कंपनी बनाई– 'बीयर्सडॉर्फ एजी'। सन् 1882 में इस कंपनी ने गटाप्लास्ट का पेटेंट प्राप्त किया और हैम्बर्ग शहर के बाहर अल्टोना में बैंडेज प्लास्टर बनाने की एक छोटी-सी फैक्टरी स्थापित की।

कार्ल पार्क बीयर्सडार्फ

25 ग्लोबल ब्रांड

सन् 1900 में बीयर्सडॉर्फ लिमिटेड के ऑनर डॉ. ऑस्कर ट्रोपलोविट्ज को पता चला कि ऑस्ट्रेलिया में पाई जाने वाली एक किस्म की भेड़ के ऊन में 'लेनोनिन' नामक एक रसायन है। इससे एक अन्य रसायन बनता है 'यूसेरिट' जो चेहरे की रंगत निखारता है। 10 साल शोध के बाद डॉ. ट्रोपलोविज ने इस रसायन से चेहरे पर लगाया जाने वाला लेप बनाया और उसका नामकरण किया 'नीविया'। यह ब्रांड नेम लेटिन शब्द 'निक्स या निविस से जन्मा है, जिसका अर्थ है- 'बर्फ जैसा उजला'। प्रथम व द्वितीय विश्वयुद्ध में दो बार अपना अस्तित्व दांव पर लगाने के बाद नीविया बना है- विश्वप्रसिद्ध स्किन एंड ब्यूटी केयर ब्रांड।

मोती वाली सीप खोजने जैसा मुश्किल है एक ब्रांड को मार्केट में स्थापित करना। नीविया ब्रांड ऐसी ही खोज है। ऐसा ब्रांड जो बना, खत्म हुआ और फिर जिंदा हुआ।

प्रथम विश्वयुद्ध के पहले जर्मन दुनिया की बड़ी औद्योगिक शक्ति बन रहा था। जर्मन वैज्ञानिक उन दिनों दुनिया को हैरान करने वाली खोज कर रहे थे। ऐसे ही एक फार्मासिस्ट थे कार्ल पार्ल बीयर्सडॉर्फ। उत्तरी जर्मनी की एल्बे नदी के किनारे बसे शहर हैम्बर्ग के निवासी बीयर्सडॉर्फ में चिकित्सा संबंधी खोज को लेकर जुनूनी जिद थी। उन दिनों यानी 135 साल पहले दुनिया में हजारों मौतें सिर्फ घावों के सड़ जाने या उनसे होने वाले संक्रमण के कारण हो रही थीं। दड़बेनुमा कमरे की अपनी लैब में बीयर्सडॉर्फ ने घाव पर लगाई जाने वाली मेडिकेटेड बैंडेज बनाई, जो मॉडर्न प्लास्टर टेक्नोलॉजी की बुनियाद है। बीयर्सडॉर्फ ने इसका नाम रखा 'गटाप्लास्ट'।

मार्च, 1880 में अपने एक अन्य डॉक्टर मित्र डॉ. पॉल गर्सन उना के साथ बीयर्सडॉर्फ ने एक कंपनी बनाई– बीयर्सडॉर्फ एजी। सन् 1882 में इस कंपनी ने

गटाप्लास्ट का पेटेंट प्राप्त किया बैंडेज प्लास्टर बनाने की एक छोटी–सी फैक्टरी स्थापित की। 1890 में कंपनी 100 से ज्यादा मेडिकल बैंडेज, साल्वेज, स्टिक्स और साबुन बनाने लगी थी, पर वज्रपात हुआ। बीयर्सडॉर्फ के 16 साल के एकमात्र पुत्र ने आत्महत्या कर ली। वे बुरी तरह टूट गए। उन्होंने कंपनी जर्मनी के ही एक युवा फार्मासिस्ट डॉ. ऑस्कर ट्रोपलोविज को मात्र 70 हजार मार्क (जर्मन मुद्रा) में बेच दी। ट्रोपलोविज ने बीयर्सडॉर्फ एजी के बैनर तले कई नए उत्पाद विकसित किए, इनमें से एक है सन् 1900 में विकसित तेल और पानी आधारित क्रीम इयरोसिट (प्राचीन ग्रीक भाषा में 'मोम')। सन् 1911 में इसका नामकरण किया गया नीविया, जो मदर ऑफ क्रीम्स है।

डॉ. ऑस्कर ट्रोपलोविज के भागीदार थे उनके ब्रदर लॉ हैंस मेंकीविक्ज। इस उद्यमी जोड़ी ने बीयर्सडॉर्फ एजी के उत्पाद यूरोप और अमेरिका में पहुंचाए।

नीविया जैसे इनोवेटिव उत्पादों ने कंपनी का व्यापार कई गुना बढ़ा दिया। सन् 1914 में बीयर्सडॉर्फ के उत्पाद 74 देशों में पहुंच गए। सन् 1918 में एक बार फिर वज्रपात हुआ। 6 माह के अंतराल में ही डॉ. ट्रोपलोविज और मेंकीविक्ज दोनों का निधन हो गया। कंपनी को ऑस्कर ट्रोपलोविज की पत्नी फ्राड ने संभाला। सन् 1920 में नीविया का पहला कॉमर्शियल एड जर्मन फिल्मों के साथ दिखाया गया। सन् 1922 में कंपनी ने दुनिया का पहला सेल्फ एडहेसिव प्लास्टर हेंसाप्लास्ट (वाउंड केयर) लांच किया, जिसका आधार था सन् 1880

में डॉ. ट्रोपलोविज की खोज जिंक ऑक्साइड। 100 साल बाद भी नीविया की तरह हेंसाप्लास्ट कंपनी का प्रतिष्ठित ब्रांड है। 1924-25 में बीयर्सडॉर्फ लिमिटेड ने नीविया क्रीम नए नीले रंग के पैकिंग में सफेद रंग के लोगो के साथ रीलांच किया। यह दुनिया का सबसे साधारण लोगो है। ब्लू ब्लैक ग्राउंड पर बिना घुमाव के 'नीविया' लिखा गया है। इसकी खूबी है सहजता, जो फ्रेशनेस व खूबसूरती का अहसास करवाती है।

जर्मन में हिटलर के उदय और इसके साथ यहूदियों के खिलाफ आंदोलन ने एक बार फिर नीविया बनाने वाली कंपनी बीयर्सडॉर्फ को बर्बाद किया। इसके यहूदी और गैर नाजी समर्थक अधिकारियों को देश छोड़ना पड़ा। सन् 1943 में द्वितीय विश्वयुद्ध में कंपनी का हेड ऑफिस व कारखाने तबाह हो गए। जर्मनी की पराजय के बाद मित्र देशों ने कई आर्थिक प्रतिबंध लगा दिए। नीविया ब्रांड पर भी दुनिया के कई देशों में बंदिश लग गई। 1945 में युद्ध समाप्ति के बाद आर्थिक प्रतिबंध हटे तो बीयर्सडॉर्फ लिमिटेड ने शून्य से फिर शुरुआत की। 'खोने के लिए कुछ नहीं, पर पाने के लिए बहुत कुछ' के सोच के साथ बीयर्सडॉर्फ के प्रबंधकों ने 10 साल में नीविया ब्रांड को एक बार फिर पुनर्जीवित करके साबित किया कि मैनेजमेंट अच्छा हो तो मरणासन्न ब्रांड पुनर्जीवित ही नहीं किया जा सकता, बल्कि वह हंड्रेड नॉट आउट पारी भी खेलता है।

सन् 1959 में नीविया के पैकेजिंग पर क्रीम शब्द जुड़ा। सन् 1963 में कंपनी ने नीविया मिल्क (लिक्विड क्रीम) लांच किया। इसकी पंच लाइन थी 'ऑल ओवर बॉडी केयर'। 'ओनली मी' और 'ब्लू हार्मेनी' एड-कैम्पेन ने नीविया सॉफ्ट क्रीम को 170 देशों में पहुंचा दिया। इसके बाद नीविया दुनिया का जाना-माना स्किन एंड ब्यूटी केयर ब्रांड बन गया।

Dabur

पहला आयुर्वेदिक हर्बल ब्रांड

Natural herbal cure for weak body

डाबर -1884

सन् 1890 में फिरंगियों का मुख्यालय कलकत्ता था। इस दौर में डॉ. एस.के. बर्मन ने कलकत्ता में आयुर्वेदिक औषधियों की एक छोटी-सी दुकान खोली। यहां से वे दादी-नानी यानी पूर्वजों के नुस्खे गांव-गांव तक पहुंचाने लगे और सन् 1884 में 'डाबर' ब्रांड जन्मा। कलकत्ता में 'दा' (जैसे-बर्मन-'दा', किशोर-'दा') सम्मानजनक संबोधन है। पंजाबी खत्री होने के बावजूद आयुर्वेदिक ज्ञान के कारण डॉ. एस.के. बर्मन को बंगाल में यह सम्मान मिला हुआ था। डीए-'डा' व बर्मन सरनेम के 'बर' का योग'डाबर'है।

Dr. S. K. Burman (1856 - 1907)

डॉ. एस.के. बर्मन

25 ग्लोबल ब्रांड

एक सौ तीस साल पुराना डाबर ब्रांड देश की अर्थव्यवस्था के हर बदलते दौर का साक्षी है। गुलाम भारत में डाबर ब्रांड जन्मा और लाइसेंस-परमिट राज में प्रौढ़ हुआ। उम्र के हिसाब से सन् 1991 में उदारीकरण के दौर में इसे वयोवृद्ध हो जाना चाहिए था, पर यह युवा-जोश के साथ मैदान में डटा हुआ है। आयुर्वेद प्रेमी इसे चाहे तो भगवान धन्वंतरि का चमत्कार कह सकते हैं, पर इसका श्रेय बर्मन परिवार की एकजुटता को है। उन्होंने फैमिली-रन बिजनेस को स्वेच्छा से प्रोफेशनल्स को सौंपा और खुद बैक बेंचर बन गए और डाबर को बना दिया ग्लोबल ब्रांड। डाबर समूह के वर्तमान चेयरमैन हैं बर्मन परिवार की पांचवीं पीढ़ी के आनंद बर्मन, पर कारोबार के सूत्रधार हैं कंपनी के प्रोफेशनल सीईओ सुनील दुग्गड़।

सन् 1890 में फिरंगियों का मुख्यालय कलकत्ता था। अंग्रेज अपने साथ एलोपैथी चिकित्सक भी भारत लाए थे, पर गुलाम भारतीय उन वैद्यों पर निर्भर थे, जो पूर्वजों की जड़ी-बूटियों से उपचार करते थे। वे घर में ही दवा बनाते, पुड़िया देते थे, पर्चियां नहीं। इस दौर में डॉ. एस.के. बर्मन ने कलकत्ता में आयुर्वेदिक औषधियों की एक छोटी-सी दुकान खोली। यहां से वे दादी-नानी यानी पूर्वजों के नुस्खे गांव-गांव तक पहुंचाने लगे और सन् 1884 में 'डाबर' ब्रांड जन्मा। कलकत्ता में 'दा' (जैसे-बर्मन-'दा', किशोर- 'दा') सम्मानजनक संबोधन है। पंजाबी खत्री होने के बावजूद आयुर्वेदिक ज्ञान के कारण डॉ. एस.के. बर्मन को बंगाल में यह सम्मान मिला हुआ था। डीए-'डा' व बर्मन सरनेम के 'बर' का योग 'डाबर' है। उन दिनों विज्ञापन उद्योग आज जैसा व्यापक नहीं था। गांव-गांव तक अपने उत्पादों की जानकारी पहुंचाने के

लिए डॉ. एस.के. बर्मन ने वॉल पेंटिंग्स की शुरुआत की। दीवालों पर बड़े-बड़े अक्षरों में प्रचार से डाबर ब्रांड औषधियों की मांग बढ़ने लगी तो डॉ. बर्मन ने सन् 1896 में कलकत्ता के नजदीक गुरहिया में दवा बनाने का कुटीर उद्योग लगाया। डॉ. बर्मन (जन्म-1856, निधन-1907) केवल 51 साल ही जीये, पर उनके द्वारा रोपित नन्हा पौधा 'डाबर' आज विशाल वटवृक्ष बन गया है।

1920 के दशक में बर्मन परिवार ने निजी क्षेत्र की पहली आयुर्वेदिक रिसर्च एंड डेवलपमेंट लेबोरेटरी स्थापित की और नरेंद्रपुर और बरूग्राम में औषधि उत्पादन सुविधाएं जुटाईं। सन् 1940 में डाबर ब्रांड ने आमला हेयर ऑइल के साथ पर्सनल केयर प्रोडक्ट्स मार्केट में प्रवेश किया। सन् 1949 में टीन पैक में पहली बार ब्रांडेड च्यवनप्राश लांच किया। 1970 के दशक में डाबर लाल दंत मंजन की लांचिंग के साथ डाबर के प्रोडक्ट्स पोर्टफोलियो में ओरल केयर उत्पाद जुड़े। सन् 1972 में बर्मन परिवार ने कम्पनी का मुख्यालय कलकत्ता से दिल्ली शिफ्ट किया और फरीदाबाद में मेन्यूफेक्चरिंग सुविधा जुटाई। 1978 में 'हाजमोला' टेबलेट लांच की, जो तब अपने किस्म की पहली ब्रांडेड आयुर्वेदिक औषधि थी। सन् 1986 में डाबर पब्लिक लिमिटेड कम्पनी बनी और इसका नाम हो गया 'डाबर इंडिया लिमिटेड'। 1989 में डाबर इंडिया ने हाजमोला कैंडी लांच की, जिसने नन्हे-मुन्नों को लुभाया तो तीन साल बाद स्पेन की एग्रोलीमेन के साथ बबलगम संग कन्फेक्शनरी उद्योग में एंट्री ली। सन् 1993 में डाबर इंडिया ने बड्डी (हिमाचल प्रदेश) में ओंकोलॉजी (कैंसर प्रतिरोधक फार्मूलेशन) प्लांट स्थापित किया। इसके बाद डाबर इंडिया रीयल फ्रूट ज्यूस के साथ प्रोसेस्ड फूड मार्केट में भी सक्रिय हो गया।

सन् 1985 में रिचर्डसन हिंदुस्तान के पूर्व एक्जीक्यूटिव रामचंद्रन, सन् 1991 में विमको के पूर्व एक्जीक्यूटिव हरि गुप्ता और सन् 1994 में स्मिथक्लाइन बीचेम के कार्तिक राणा ने डाबर को ज्वाइन किया। सन् 1985 से 1995 के दस सालों में भी इन प्रोफेशनल्स ने डाबर का कारोबार 18 गुना कर दिया तो बर्मन

परिवार ने भी डाबर इंडिया को पूरी तरह प्रोफेशनली मैनेज्ड कंपनी बनाने का फैसला लिया। 1998 में नीनू खन्ना को डाबर इंडिया का सीईओ नियुक्त किया गया। नीनू खन्ना ने ही डाबर को आयुर्वेद कंपनी से पर्सनल केयर, नेचुरल व हर्बल उत्पादों की कंपनी बनाया है। इंग्लैंड में डाबर ओंकोलॉजी (डाबर की सहयोगी कंपनी) के तत्कालीन वाइस चेअरमैन आनंद बर्मन ने डाबर को ग्लोबल पहचान दिलवाई है।

सन् 2002 में नीनू खन्ना के बाद बर्मन परिवार ने कंपनी के डायरेक्टर सेल्स व मार्केटिंग सुनील दुग्गड़ को डाबर इंडिया का सीईओ बनाया। उनके कार्यकाल में कई नए उत्पाद लांच हुए तो हर उत्पाद की अपनी पहचान बनी। वाटिका, हाजमोला, रीयल फ्रूट जैसे ब्रांड्स ने तो मार्केट में ऐसी साख जुटाई है कि अपने पैरेंट ब्रांड डाबर के बिना भी स्थापित हो गए हैं। डाबर इंडिया के सौ साल पुराने प्रतीक चिह्न (लोगो) बरगद पेड़ को भी नया लुक व युवा कलर मिला है। इंटरनेशनल मार्केट में डाबर के उत्पाद खासकर एफएमसीजी प्रोडक्ट्स की बिक्री बढ़ाने के लिए भी सुनील दुग्गड़ ने कई नई पहल की है। डाबर नेपाल, डाबर इजिप्ट, एशियन कंज्यूमर केयर (बांग्लादेश, पाकिस्तान व नाइजीरिया), नेचरल एलएमसी (यूएई), जोक्यूलिन (यूएसए) जैसी सहयोगी कंपनियां स्थापित की हैं। डाबर इंडिया ने दो बड़े अधिग्रहण भी किए हैं। सन् 1996 में बलसारा हाइजिन एंड होम प्रोडक्ट्स के अधिग्रहण से डाबर इंडिया को बलसारा की तीन कम्पनियां और तीन उत्पादन संयंत्र मिले और इसके ओरल केयर प्रोडक्ट्स को बड़ा मार्केट मिला। बबूल, मिसवॉक और प्रॉमिस की हर्बल टूथपेस्ट मार्केट में पहुंच बनी।

भारत के हर कोने में लोकप्रिय ब्रांड डाबर

तीन सौ से ज्यादा उत्पादों के साथ डाबर ब्रांड का मूलाधार आज भी आयुर्वेदिक व हर्बल औषधियां हैं, पर हेल्थ केयर, ओरल केयर, स्किन केयर, पर्सनल केयर, प्रोसेस्ड फूड्स, फार्मास्युटिकल्स या एफएमसीजी बल्क ड्रग्स मार्केट में

भी डाबर ब्रांड्स लोकप्रिय हैं। डाबर च्यवनप्राश, लाल दंत मंजन, लाल तेल, पुदीन हरा, वाटिका शैम्पू, वाटिका हेयर ऑइल, अनमोल कोकोनट ऑइल, अनमोल मस्टर्ड ऑइल, हाजमोला टेबलेट्स, हाजमोला कैंडी, हिंगोली, डाबर बाम, डाबर बेबी ओलिव ऑइल, डाबर ब्लो ग्लो (एंटीसेप्टिक क्रीम), डाबर बैक-एक (जेल बेस्ड), महानारायण तेल, होममेड (गार्लिक, जिंजर, ओनियन पेस्ट्स आदि), रीयल फ्रूट ज्यूस, इंटाक्सेल (एंटी कैंसर ड्रग), आशव अरिष्ठा आदि गांव-गांव में जाने जाते हैं।

A brand is defined as a toolbox of marketing and communication methods that help to distinguish a company from competitors and create a lasting impression in the minds of customers. The key components that form a brand's toolbox include a brand's identity, brand communication, brand awareness, brand loyalty and various branding strategies. A brand is in essence a promise to its customers that they can expect long-term security, a competitive frame of reference and consistent delivery of functional as well as emotional benefits. When a customer is familiar with a brand or favours it incomparably to its competitors, this is when a corporation has reached a high level of brand equity

Johnson & Johnson

दुनिया का सबसे सम्मानित ब्रांड

No more tears.

जॉनसन एंड जॉनसन–1886

रॉबर्ट वुड जॉनसन

सन् 1845 में पेन्सिलवेनिया (यूएसए) में जन्मे रॉबर्ट वुड जॉनसन ने तब ऐसी ड्रेसिंग तैयार की, जिसमें रोगाणुओं से लड़ने की दवा हो तथा जिसे लपेटने के बजाय गोंद से चिपकाया जा सके। यह जुगाड़ ड्रेसिंग आज के मॉडर्न स्टरलाइज्ड ड्रेसिंग की बुनियाद है। उससे ही जन्मी है मेडिकल डिवाइसेस, फार्मा व कन्ज्यूमर गुड्स की विश्वप्रसिद्ध कंपनी और मेडिकल वर्ल्ड का सबसे विश्वसनीय ब्रांड 'जॉनसन एंड जॉनसन'।

सवा सौ साल पहले घावों को रोगाणुओं व संक्रमण से बचाने के लिए कार्बोलिक एसिड का छिड़काव करके रूई की पारंपरिक पट्टियां लपेट दी जाती थीं। इन पट्टियों को चिपकाने के लिए आज की तरह हायजिनिक एडहेसिव्ह की खोज नहीं हुई थी। अमीर देशों के लोग तो सावधानी बरत कर संक्रमण से बच जाते थे, पर युद्ध और हादसों में घायल गरीब देशों के लोग घावों के सड़ने से मर जाते थे। सन् 1845 में पेन्सिलवेनिया (यूएसए) में जन्मे रॉबर्ट वुड जॉनसन ने तब ऐसी ड्रेसिंग तैयार की, जिसमें रोगाणुओं से लड़ने की दवा हो तथा जिसे लपेटने के बजाय गोंद से चिपकाया जा सके। यह जुगाड़ ड्रेसिंग आज के मॉडर्न स्टरलाइज्ड ड्रेसिंग की बुनियाद है। उससे ही जन्मी है मेडिकल डिवाइसेस, फार्मा व कन्ज्यूमर गुड्स की विश्व प्रसिद्ध कंपनी और मेडिकल वर्ल्ड का सबसे विश्वसनीय ब्रांड 'जॉनसन एंड जॉनसन'।

जॉनसन एंड जॉनसन के संस्थापक हैं कार्बोन्डेल (पेन्सिलवेनिया) में जन्मे रॉबर्ट वुड जॉनसन और उनके दो छोटे भाई जेम्स वुड जॉनसन और एडवर्ड मीड जॉनसन। रॉबर्ट वुड जॉनसन गृहयुद्ध से दूर रहें, इस मंशा से उनके मां-पिता ने उन्हें उनके अंकल के पास न्यूयार्क भेज दिया था। वहां रॉबर्ट ने वुड एंड टिटमेर कंपनी को फार्मासिस्ट प्रशिक्षु की हैसियत से ज्वाइन किया। सन् 1864 में रॉबर्ट ने न्यू न्यूयार्क सिटी में रोस्टॉन एंड एस्पिनवाला को ज्वाइन किया। यहां रॉबर्ट दो लोगों के संपर्क में आए। एक थे मेडिको वैज्ञानिक जोसेफ लिस्टर और दूसरे थे जॉर्ज जे. सीबूरी। जोसेफ लिस्टर सर्जरी में उपयोगी उत्पाद के लिए जॉने जाते थे। उनसे प्रेरित होकर रॉबर्ट ने ऐसी ड्रेसिंग बनाई, जिसमें रोगाणुओं से लड़ने की दवा हो और जो घावों को संक्रमण से बचाए। जार्ज जे.

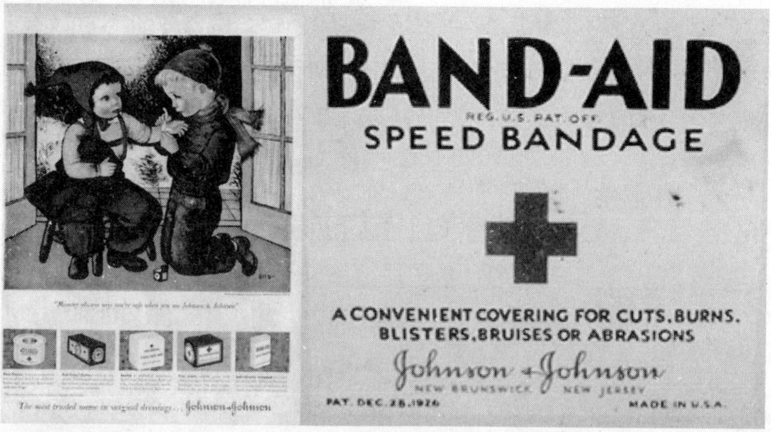

सीबूरी के साथ भागीदारी में 'सीबूरी एंड जॉनसन' नाम से कंपनी स्थापित की। इसका मकसद था जोसेफ लिस्टर की खोज वाले सर्जरी में उपयोगी उत्पाद बनाना। सन् 1878 में सीबूरी एंड जॉनसन हर माह 10 हजार डॉलर का व्यापार करने लगी, पर दोनों भागीदारों में मुनाफे के बंटवारे को लेकर अनबन हो गई। सन् 1880 में रॉबर्ट जॉनसन अपने शेयर सीबूरी को बेचकर कंपनी से अलग हो गए।

अपने कारोबारी कॅरियर के शुरुआती वर्षों के अच्छे-बुरे अनुभवों ने रॉबर्ट जॉनसन को मेच्योर्ड बिजनसमेन बना दिया। सन् 1886 में उन्होंने अपने भाइयों जेम्स वुड एवं एडवर्ड जॉनसन के साथ स्थापित की 'जॉनसन एंड जॉनसन'। रॉबर्ट जॉनसन ने सबसे पहले अपनी पहली 'जुगाड़ू ड्रेसिंग' में सुधार किया। सन् 1887 में रॉबर्ट जॉनसन की न्यूजर्सी के फार्मासिस्ट डॉ. फ्रेडरिक किलमेर से मित्रता हुई, जो ऐसी घनिष्ठता में बदल गई कि डॉ. किलमेर ने जॉनसन एंड जॉनसन को ज्वाइन कर लिया। डॉ. किलमेर ने स्टरलाइज्ड ड्रेसिंग में कई खोज की। उन दिनों रेल लाइंस का विस्तार हो रहा था। रेल दुर्घटनाएं खूब होती थीं। डॉ. किलमेर ने रेल में बोर्डिंग और यात्रा का मेडिकल मैन्यूअल और फर्स्ट-एड किट्स बनाए। जॉनसन एंड जॉनसन का यह फर्स्ट एड किट अमेरिका में तब खूब लोकप्रिय हुआ।

कारोबार और कमाई बढ़ी तो जॉनसन बंधुओं ने उत्पाद शृंखला बढ़ाई। सन् 1893 में जॉनसन एंड जॉनसन ने लांच किया बच्चों की कोमल त्वचा के लिए खुशबूदार महीन पावडर, जो मार्केट में पहुंचते ही अमेरिकन मांओं की पहली पसंद बन गया।

सन् 1905 में जॉनसन एंड जॉनसन ने रेडक्रॉस चिह्न के उपयोग की सशर्त अनुमति प्राप्त कर ली। शर्त थी कि समुद्र, हवा व सड़कों पर दौड़ने वाले वाहनों या भवनों पर यह चिह्न अंकित नहीं किया जाएगा और इसका केवल मेडिकल सर्जिकल प्लास्टर्स पर ही उपयोग होगा। सन् 1906 में जॉनसन एंड जॉनसन को मानव-सेवी कंपनी की इमेज मिली। सेनफ्रांसिस्को में भीषण भूकंप व आग के कारण हजारों लोग घायल हो गए थे। जॉनसन बंधुओं ने ताबड़तोड़ दवाइयों व उपचार सामग्री से भरी पूरी एक ट्रेन दुर्घटना स्थल पर रवाना कर मिसाल कायम की, उसने जॉनसन एंड जॉनसन को दुनिया के सम्मानित ब्रांड की पहचान दिलवाई।

अत्यंत साधारण पर दैनंदिन उपयोग के अत्यंत ही उपयोगी मेडिको उत्पाद बनाने वाले रॉबर्ट वुड का सन् 1910 में 65 वर्ष की उम्र में निधन हो गया। उनके छोटे भाई जेम्स वुड ने 22 साल (1910-1932) कंपनी के सूत्र संभाले। उन्होंने कनाडा और ब्रिटेन में कंपनी के उत्पाद पहुंचाए। सन् 1921 में 'बेंड एड बेंडेज' लांच किया, जो नौ दशक बाद भी अपने मार्केट का लीडर है। जेम्स वुड के कार्यकाल में जॉनसन बेबी क्रीम और वुमेन सेनेटरी नेपकिंस लांच हुए।

स्व. रॉबर्ट हुड के हमनाम पुत्र रॉबर्ट जॉनसन ने 31 वर्ष के कार्यकाल (1932-1963) में कंपनी को पब्लिक लिमिटेड बनाया। उन्होंने कई कंपनियां अधिग्रहित कीं, उत्पादों की शृंखला बढ़ाई, भारत सहित दुनिया के कई देशों में उत्पादों को पहुंचाया तो गरीबों और अपने स्टाफ की भलाई पर भी ध्यान दिया। द्वितीय विश्वयुद्ध के दौरान घायलों के उपचार के लिए उनके उदार सहयोग को सराहते हुए उन्हें ब्रिगेडियर 'जनरल' की पदवी से भी नवाजा गया। जूनियर

रॉबर्ट जॉनसन के बाद कंपनी के सूत्र पहली बार परिवार से बाहर के प्रोफेशनल्स ने संभाले, पर उन्हें जॉनसन एंड जॉनसन की मानवतावादी इमेज से छेड़खानी करने की अनुमति नहीं मिली, फलतः जॉनसन एंड जॉनसन की स्थायी पहचान बन गई है– 'एक सम्मानित ब्रांड और दुनिया की सबसे सम्मानित कंपनी।'

मेडिकल डिवाइसेस, फार्मा व कंज्यूमर पैकेज्ड गुड्स बनाने वाली फार्चुन 500 कंपनी जॉनसन एंड जॉनसन आज सालाना अरबों डॉलर का कारोबार कर रही है। 53 देशों से इसका प्रत्यक्ष कारोबारी रिश्ता है, यानी कंपनी वहां मेन्यूफेक्चरिंग करती है या वहां कंपनी की सहायक कंपनी है तो 170 देशों में इसके उत्पाद लोकप्रिय हैं। 250 सहायक कंपनियों के इस विश्व प्रसिद्ध कॉरपोरेशन की परोपकारी गतिविधियों की सूची भी इसके कारोबार की तरह ही व्यापक है।

भारत में जॉनसन एंड जॉनसन

सन् 1957 में भारत में जॉनसन एंड जॉनसन ने इंट्री ले ली थी। 5 सितंबर, 2007 को यहां कंपनी ने स्वर्ण जयंती समारोह का जश्न मनाया तो उसकी थीम थी– 'ए ट्रेडिशन ऑफ केयरिंग'। भारत में भी कंपनी की दवाएं व हायजनिक उत्पाद गृहिणियां इस विश्वास के साथ खरीदती हैं कि जो वादा किया है, वह पूरा होगा।

Consumers may look on branding as an aspect of products or services, as it often serves to denote a certain attractive quality or characteristic. From the perspective of brand owners, branded products or services can command higher prices. Where two products resemble each other, but one of the products has no associated branding, people may often select the more expensive branded product on the basis of the perceived quality of the brand or on the basis of the reputation of the brand owner.

PARKER

ट्रायल एंड ईरर से जन्मा रायटिंग उद्योग का सबसे प्रतिष्ठित ब्रांड

Don't let anyone else use it. It doesn't like it.

पार्कर पेन–1888

अमेरिकन युद्ध विभाग ने प्रथम विश्वयुद्ध के दौरान पार्कर का 'ट्रेंच पेन' यूरोपियन मोर्चों पर भेजे जाने वाले फौजियों की किट में रखा। इस पेन में गीली स्याही नहीं थी। सूखी गोलियों को पानी की कुछ बूंदों के साथ पेन के ढक्कन में गलाकर लिखा जाता था। ट्रेंच पेन की सेना द्वारा खरीद ने पार्कर पेन को सारी दुनिया में पहुंचा दिया। पार्कर महंगा पेन था, शरलॉक होम्स, जॉर्ज बनार्ड शॉ व सर ऑर्थर कॉनन डायल जैसे विश्व प्रसिद्ध लेखकों ने इसे पसंद किया।

जॉर्ज सेफर्ड पार्कर

पेन आज ऐसा साधारण राइटिंग इंस्ट्रूमेंट है, जिसे कुटीर उद्योग भी आसानी से बना लेते हैं। सवा सौ साल पहले दुनिया में गिनी-चुनी कंपनियां ही पेन बनाती थीं, जो ना तो अच्छे दिखते थे और ना ही अच्छा लिखते थे। पेन की स्याही जल्दी खत्म हो जाती थी। लिखने के बाद ब्लॉटिंग पेपर से स्याही सोखना पड़ती थी।

हमारे देश में उन दिनों बैम्बू या सरकंडे की स्टिक को चाकू से शार्प करके स्याही की दवात में डुबोकर लिखा जाता था। 1910 के बाद ईस्ट इंडिया कंपनी ने मेटल निब के वूडन पेन का उपयोग शुरू किया। ये महंगे पेन लक्झरी आइटम माने जाते थे। 1931 में डांडेकर एंड कंपनी ने 'कैमलिन' ब्रांड नेम से देसी इंक टेबलेट व पावडर बनाया। 1945 के बाद हमारे देश में जन साधारण के लिए अफोर्डेबल पेन बनने लगे। उन दिनों पार्कर पेन हमारे यहां गिफ्ट आइटम थे।

सन् 1880 में अमेरिका के जेम्सविले (विन्कोन्सिन, यूएसए) के एक टेलीग्राफी टीचर जॉर्ज सैफर्ड पार्कर घटिया क्वालिटी के पेन से परेशान थे। अपने छात्रों को लिखने की कला सिखाने के साथ वे जॉन हॉलैंड गोल्ड कंपनी के पेन भी बेचते थे। परफेक्शन के जिद्दी सैफर्ड पार्कर ने पेन निर्माता कंपनी से शिकायत की कि उनके पेन लीक करते हैं, किताबें व कपड़े खराब कर देते हैं। पेन निर्माता से संतोषजनक जवाब नहीं मिला तो जॉर्ज सैफर्ड पार्कर छोटे-छोटे उपकरणों से इस समस्या का हल खोजने में खुद जुट गए। 'ट्रायल एंड ईरर' के फार्मूले से उन्होंने पेन के उपयोग ना करने पर पेन की बैरल (बॉडी) में स्याही लौटने की तरकीब खोज ली। पार्कर ने इस जुगाड़ का नामकरण किया 'लकी कर्व फीड'। बेटर पेन बनाने की कोशिश में मिली इस पहली सफलता ने जॉर्ज

सैफर्ड पार्कर का हौसला बढ़ाया तो उन्होंने सन् 1888 में स्थापित की पार्कर पेन कंपनी। मेन्यूफेक्चरिंग व मार्केटिंग में अनुभवहीनता के अलावा जॉर्ज सैफर्ड पार्कर के पास पूंजी भी नहीं थी, पर जिद थी आकर्षक, अफोर्डेबल व कार्यकुशल राइटिंग इंस्ट्रूमेंट्स बनाएंगे।

कुछ अच्छा व नया करने की लगन हो तो सारी कायनात मददगार हो जाती है। एक दिन एक बीमा एजेंट डब्ल्यू.एफ. पॉमर जॉर्ज सैफर्ड पार्कर से मिला। वह उन्हें बीमा पॉलिसी बेचना चाहता था, पर जॉर्ज सैफर्ड पार्कर ने कहा– 'मेरी ऐसी हैसियत नहीं है कि मैं प्रीमियम चुका सकूं।' पॉमर को पार्कर की साफगोई अच्छी लगी। उसने उनके कारोबार के बारे में पूछताछ की। जॉर्ज सैफर्ड पार्कर के पास पेन की लीकेज समस्या का सॉल्यूशन है, यह जानकर पॉमर ने साझेदारी का ऑफर दिया। पार्कर भी पॉमर की मार्केटिंग से प्रभावित थे। दोनों में समझौता हुआ। पॉमर मात्र 1000 डॉलर निवेश करके पार्कर कंपनी में जॉर्ज सैफर्ड पार्कर के बराबर के हिस्सेदार बन गए। सन् 1898 तक दोनों भागीदारों ने एक रहवासी मकान से पार्कर एंड कंपनी का संचालन किया। ग्राहकों से उन्हें अच्छा रिस्पांस मिलने लगा तो सन् 1899 में ज्वाइंटलेस पेन लांच किया। इसमें आउटर केप थी। इस पेन में निब ऐसी लगाई गई थी जैसे बोतल पर कॉर्क। इन इनोवेटिव पेन को खूब पसंद किया गया, पर पार्कर कंपनी को बड़ा ब्रेक प्रथम विश्वयुद्ध के दौरान मिला।

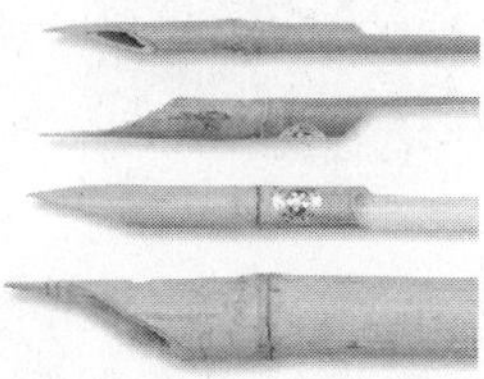

अमेरिकन युद्ध विभाग ने प्रथम विश्वयुद्ध के दौरान पार्कर का 'ट्रेंच पेन' यूरोपियन मोर्चों पर भेजे जाने वाले फौजियों की किट में रखा। इस पेन में गीली स्याही नहीं थी। सूखी गोलियों को पानी की कुछ बूंदों के

साथ पेन के ढक्कन में गलाकर लिखा जाता था। ट्रेंच पेन की सेना द्वारा खरीद ने पार्कर पेन को सारी दुनिया में पहुंचा दिया। उन दिनों विश्वव्यापी मार्केटिंग नेटवर्क फैलाने वाली पहली राइटिंग इंस्ट्रूमेंट्स कंपनी थी पार्कर। सन् 1921 में

पार्कर पेन ने ड्यूफोल्ड लांच किया। यह सामान्य से बड़ा और महंगा पेन था, पर शरलॉक होम्स, जॉर्ज बनार्ड शॉ व सर ऑर्थर कॉनन डायल जैसे विश्व प्रसिद्ध लेखकों ने इसे पसंद किया तो ड्यूफोल्ड 'बिग रेड' के नाम से आयकॉन बन गया। 25 वर्ष की गारंटी वाला यह तब सबसे महंगा (7 डॉलर) पेन था। 1920 के दशक में पार्कर पेन दुनिया की बड़ी पेन निर्माता कंपनी बन गई। सन् 1931 में जॉर्ज सेफर्ड पार्कर ने राइटिंग इंस्ट्रूमेंट्स उद्योग को एक और सौगात दी- 'क्विंक इंक'। इसकी खूबी थी- 'लिखते ही सूख जाना' यानी लिखने के बाद ब्लॉटिंग पेपर के उपयोग की झंझट से मुक्ति। जॉर्ज सैफर्ड पार्कर ने एक और खोज की। वैक्यूमेटिक नाम का अनोखा (तब) पेन बनाया, जिसमें स्याही वैक्यूम से भरी जाती थी।

क्विक इंक एवं वैक्यूम इंक फिलिंग तकनीक के बाद पार्कर ने राइटिंग इंस्ट्रूमेंट उद्योग में बिक्री के कीर्तिमान बना दिए। सिगार शेप के हूडेड निब वाले 'पार्कर-51' ने पार्कर पेन की बिक्री 40 करोड़ डॉलर बढ़ाई। पार्कर-51 (सेल्फ फिलिंग पेन) व पार्कर-45 (इंक कार्टेज वाला स्कूल पेन) भी खूब बिका तो पार्कर-51 का सस्ता वर्सन 'पार्कर-21' मॉस प्रोडक्ट बन गया।

पार्कर-51 ने सारी दुनिया में सर्वाधिक बिकने वाले पेन का कीर्तिमान बनाया है। ग्रेट डिप्रेसन (1929-39) के दौर में पार्कर पेन कंपनी को अपने तत्कालीन प्रतिस्पर्धी शेफर, वाटरमेन व एवरशार्प के समकक्ष पहुंचा दिया। पार्कर-51 को

दुनिया के सबसे परफेक्ट पेन का भी खिताब मिला। इसके बाद तो पार्कर पेन कंपनी ने शानदार लुक और जानदार तकनीक के पेन- क्लासिक (1967), एरो (1982), विक्टर (1986), ड्यूफोल्ड इंटरनेशनल (1987), सोनेट (1993) और पार्कर-100 (2004) लांच किए और राइटिंग इंस्ट्रूमेंट्स उद्योग के पेन सेगमेंट की लीडर कंपनी बन गई।

द्वितीय विश्वयुद्ध में पराजय के बाद जापानी फौज ने सरेंडर किया और यूरोपियन मोर्चे पर जितने समझौते हुए, उन पर पार्कर पेन से हस्ताक्षर किए गए। सन् 1972 में प्रेसीडेंट निक्सन ने चीनी राष्ट्रपति को 'पार्कर-75' भेंट करके इसे विश्वप्रसिद्ध गिफ्ट आर्टिकल बना दिया। सन् 1984 में शटल मिशन के साथ 'पार्कर क्लासिक' अंतरिक्ष तक पहुंच गया। क्वीन एलिज़ाबेथ की गोल्डन जुबली (2002) के अवसर पर पार्कर पेन कंपनी ने दो ग्लैमरस व लक्ज़री पेन लांच किए। एक पेन था 23 कैरेट गोल्ड प्लेटेड ड्यूफोल्ड, दूसरा पेन था 23 कैरेट गोल्ड प्लेटेड सीनेट।

1950 के बाद दुनिया में कम्प्यूटर के साथ एक और क्रांतिकारी राइटिंग इंस्ट्रूमेंट लांच हुआ। सस्ता, सुंदर, टिकाऊ और बेहद उपयोगी 'बाल-पेन'। इसके साथ फाउंटेन पेन के दिन लदने लगे। फाउंटेन पेन खास मौकों, तोहफों और संग्रह का हिस्सा बनकर रह गए। पार्कर पेन कम्पनी ने समय के साथ कदमताल करते हुए बेहतरीन बाल-पेन 'जॉटर' पेश किया। सन् 1937 में कम्पनी के संस्थापक जॉर्ज सैफर्ड पार्कर का 74 वर्ष की उम्र में निधन हुआ। सन् 1993 में पार्कर को अमेरिकी कम्पनी जिलेट ने खरीद लिया। जिलेट तब पेपरमेट ब्रांड बाल पेन के लिए मशहूर थी। जिलेट ने सन 2000 में पार्कर और पेपरमेट समेत अपना स्टेशनरी कारोबार अमेरिका की 'न्यूवेल रबरमेड' कम्पनी को बेच दिया।

भारत में पार्कर पेन ने सन् 1996 में इंट्री ली। यहां पार्कर पेन को वैसी ही प्रतिष्ठा मिली, जो फिल्मी दुनिया में महानायक अमिताभ बच्चन ने पाई है। यह भी संयोग ही है कि अमिताभ भारत में इस कम्पनी के ब्रांड एम्बेसडर रहे हैं। भारत में पार्कर की दिल्ली के लक्जर ग्रुप के साथ व्यावसायिक भागीदारी है।

Multiproduct branding strategy is when a company uses one name across all their products in a product class. When the company's trade name is used, multiproduct branding is also known as corporate branding, family branding or umbrella branding. Examples of companies that use corporate branding are Microsoft, Samsung, Apple and Sony as the company's brand name is identical to their trade name.

जो कभी था मैजिक मलहम

विक्स की गोली लो, खिच-खिच दूर करो

विक्स - 1890

लून्स फोर्ड रिचर्डसन

कहते हैं, सन् 1894 में रिचर्डसन के तीनों बच्चों को एक साथ तगड़ा जुकाम हुआ था। इन दिनों इसका उपचार था लेप और वेपर लैम्प, जिसके सामने मरीज को घंटों बैठना पड़ता था। फार्मासिस्ट रिचर्डसन को यह परंपरागत उपचार रास नहीं आया और उन्होंने सर्दी-कफ-खांसी का फास्ट उपचार खोजा। पेट्रोलियम जेली में उन्होंने पुदीना (पीपरमेंट), कपूर और नीलगिरि तेल को मिक्स करके एक मलहम बनाया। इसे रोगी की छाती पर मला गया। शरीर के ताप ने पीपरमेंट का वाष्पीकरण किया। यह वाष्प सीधे फेफड़े तक पहुंची और कंजक्शन हटने लगा।

ओवर द काउंटर (ओटीजी) यानी चिकित्सक की पर्ची के बिना दुनिया में सबसे ज्यादा बिकने वाली औषधि है 'विक्स वेपोरब'। 'वेपोरब' यानी वाष्पीकरण विक्स का आधार है। पेट्रोलियम जेली में मिश्रित पुदीना (पीपरमेंट), कपूर और नीलगिरि तेल से बना यह मलहम रोगी की छाती पर मलने पर शरीर के ताप से भाप में बदलता है। यह भाप फेफड़े में पहुंचकर कंजेक्शन हटाती है। विक्स वेपोरब के इन्वेंटर हैं ऐसे रसायनशास्त्री, जिन्होंने केमिस्ट्री नहीं पढ़ी। फार्मासिस्ट भी वे 'बाय एक्सीडेंट' बने। अपने पुत्र के साथ अपनी इस सहज खोज को उन्होंने सारी दुनिया में पहुंचा दिया। सन् 1985 में विक्स ब्रांड प्रॉक्टर एंड गैंबल ने खरीदा और मिलते-जुलते कई उत्पाद बनाए। सवा सौ साल हो गए हैं, पर विक्स वेपोरब का अपना मार्केट है, अपने ग्राहक हैं, जिन पर इसका एकाधिकार यथावत् कायम है।

30 दिसंबर, 1854 को जॉन्सन काउंटी (यूएसए) में जन्मे लुंसफोर्ड रिचर्डसन को बचपन से ही रसायन शास्त्र रिझाता था। केमिस्ट्री की ग्रेजुएशन डिग्री प्राप्त करने के लिए उन्होंने डेविडसन कॉलेज को ज्वाइन किया। कक्षा में पहुंचे तो उन्होंने पाया कि रसायन शास्त्र का सिलेबस सतही है। वे जो सीखना चाहते हैं, वह यहां नहीं मिलेगा, यह मानकर उन्होंने लैटिन भाषा पढ़ी। सन् 1875 में वे गृहनगर लौटे और एक स्कूल में अध्यापन करने लगे, पर केमिस्ट्री से प्यार ने विवश किया। सन् 1880 में उन्होंने अपने ब्रदन-इन-लॉ डॉ. जोशुआ विक को ज्वाइन किया, जो सेलमा में चिकित्सक थे।

आज से 135 साल पहले आज जैसी दवाएं नहीं बनती थीं और ना ही दवा दुकानें थीं। हमारे देश के वैद्यों की तरह अमेरिका में एलोपैथी चिकित्सक भी

खुद ही दवाएं बनाते थे। डॉ. जोशुआ विक को मरीजों से समय नहीं मिलता था कि वे दवाएं भी बनाएं। उन्होंने दवाइयां बनाने की जवाबदारी रिचर्डसन को सौंप दी। लैटिन भाषा की मदद से रिचर्डसन ने केमिकल कम्पाउंड्स का अध्ययन किया और वे फार्मासिस्ट बन गए।

प्रतिभावान व मेहनती युवा लुंसफोर्ड रिचर्डसन ने 'डॉ. विक' के नाम से विक फैमिली रेमेडीज का प्रोडक्ट पोर्टफोलियो विकसित किया और कई दवाएं बनाईं। सन् 1890 में रिचर्डसन अपनी पत्नी के टाउन ग्रीन्सबोरो शिफ्ट हुए। वहां उन्होंने एक भागीदार के साथ विलियम सिडनी पोर्टर ड्रग स्टोर खरीदा। यहां भी विक कंपनी के लिए नई दवाओं की खोज उन्होंने जारी रखी और 21 मेडिसिन पेटेंट्स प्राप्त कर लिए। रिचर्डसन ने कई टेबलेट्स, लिक्विड्स और ऑइन्टमेंट बनाए, जिनमें उल्लेखनीय है- विकी चिल टॉनिक, विकी लिटिल लिवर टेबलेट्स, लिटिल रेचक टेबलेट्स, विकी यलो पाइन रॉल कफ सायरप और फ्लू उपचार के लिए ग्रिप्से नॉकर्स (खांसी व श्वास तकलीफ की औषधि)। रिचर्डसन की इन औषधियों को अच्छा रिस्पांस मिला। विकी मेजिक क्रूप साल्वे ने तो खूब प्रसिद्धि पाई, जिसका रूपांतरण है आज का विक्स वेपोरब और जिसका विस्तार है फार्मूला-44, विक्स कफ ड्राप्स, विक्स इनहेलर, विक्स एक्शन-500, विक्स बेबी रब, विक्स मल्टी पेन रिलीफ आदि।

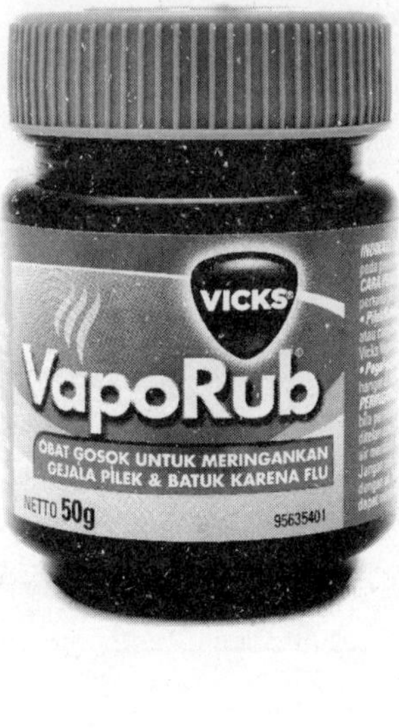

कहते हैं कि सन् 1894 में रिचर्डसन के तीनों बच्चों को एक साथ तगड़ा जुकाम हुआ था। इन दिनों इसका उपचार था लेप

और वेपर लैम्प, जिसके सामने मरीज को घंटों बैठना पड़ता था। फार्मासिस्ट रिचर्डसन को यह परंपरागत उपचार रास नहीं आया और उन्होंने सर्दी-कफ-खांसी का फास्ट उपचार खोजा। पेट्रोलियम जेली में उन्होंने पुदीना (पीपरमेंट), कपूर और नीलगिरि तेल को मिक्स करके एक मलहम बनाया। इसे रोगी की छाती पर मला गया। शरीर के ताप ने पीपरमेंट का वाष्पीकरण किया। यह वाष्प सीधे फेफड़े तक पहुंची और कंजक्शन हटने लगा।

रिचर्डसन के बड़े पुत्र स्मिथ पिता की कंपनी के सेल्स मैनेजर थे। सन् 1911 में उन्होंने पिता को सलाह दी कि हमें ढेर सारे उत्पाद बनाने व बेचने पर अपनी ऊर्जा, पैसा व समय खर्च करने के बजाय केवल विक मैजिक मलहम पर फोकस करना चाहिए। स्मिथ ने ही विक मैजिक मलहम का नामकरण किया- 'विक्स वेपोरब'।

लुंसफोर्ड रिचर्डसन व उनके पुत्र स्मिथ रिचर्डसन को विक्स वेपोरब को लोकप्रिय बनाने के लिए भारी मशक्कत करना पड़ी थी। 1910-11 में मीडिया का आज जैसा विस्तार नहीं हुआ था। रिचर्डसन ने होर्डिंग्स लगवाए, वॉल पेंटिंग करवाई और बड़े दवा विक्रेताओं को फ्री गुड्स कूपन भी बांटे। सीनियर रिचर्डसन जंक मेल इन्वेंटर भी माने जाते हैं। उन्होंने पोस्ट ऑफिस बॉक्स होल्डर्स को (बिना नाम केवल पोस्ट बाक्स नंबर) बार-बार प्रमोशनल मेल्स भेजी।

विक्स वेपोरब के प्रमोशन प्रयासों को 1918-19 के स्पेनिस फ्लू से बड़ा ब्रेक मिला। अमेरिका में महामारी की तरह फैले इस फ्लू के दौरान विक्स वेपोरब को ऐसा रिस्पांस मिला कि एक साल में इसकी बिक्री 9 लाख डॉलर से बढ़कर 29 लाख डॉलर हो गई। विक्स के मैन्यूफैक्चरिंग संयंत्रों ने उन दिनों 24 घंटे उत्पादन किया। स्मिथ रिचर्डसन को सेल्स स्टाफ को भी मार्केट से विदड्रा करके उत्पादन संयंत्रों में व्यस्त करना पड़ा ताकि मांग की पूर्ति की जा सके। विडंबना यह है कि इस महामारी के दौरान ही विक्स वेपोरब के इनवेंटर लुंसफोर्ड रिचर्डसन निमोनिया के शिकार हुए और सन् 1919 में 65 वर्ष की उम्र में उनका निधन हो गया।

लुंसफोर्ड रिचर्डसन के निधन के बाद स्मिथ रिचर्डसन ने कंपनी के सूत्र संभाले। उन्होंने विक्स ब्रांड को ऐसा प्रमोट किया कि सन् 1985 में प्रोक्टर एंड गेंबल (पी एंड जी) ने इसे खरीद लिया और वैश्विक विस्तार किया। पी एंड जी ने जर्मनभाषी देशों में इसे 'Wick' नाम से लांच किया, क्योंकि 'Vick' शब्द वहां सेक्स का पर्याय है। पी एंड जी के आज ग्लोबल एफएमसीजी मार्केट में कई उत्पाद हैं, पर विक्स अपने नाम से बिकता है। विक्स वापरने या इसके व्यसनी लोग यह नहीं जानते या पूछते हैं कि कौन है निर्माता। ब्रांड की ऐसी गुणवत्ता ही उसे दीर्घायु बनाती है।

भारत में विक्स

भारत में विक्स वेपोरब, विक्स कफ ड्रॉप्स, विक्स इनहेलर, विक्स वेपोकूल और विक्स एक्शन-500 ना केवल खूब बिकते हैं, पर बनते भी हैं। पी एंड जी विक्स उत्पादों की यहां कांट्रैक्ट मेन्यूफेक्चरिंग करवाती है और लोकल मार्केट में बेचने के साथ ग्लोबल मार्केट को भी निर्यात करती है। कई मॉडर्न चिकित्सा वैज्ञानिक विक्स वेपोरब को शिशुओं के लिए नुकसानदेय मानते हैं। कई देशों में इसकी बिक्री या बच्चों के लिए बिक्री पर प्रतिबंध भी है, पर भारत में ओवर द काउंटर सबसे ज्यादा बिकने वाली औषधि है विक्स वेपोरब, विक्स इनहेलर...।

Lipton

किराना व्यवसायी की संतान लिप्टन

Be more Tea

लिप्टन-1890

पश्चिम में सूअर तब पालतू पशु था, जिसे आनन्द और भय का प्रतीक माना जाता था। सूअर के मांस की डिशेस चाव से खाई जाती थीं। अनाथ सूअर के पोस्टर से जुड़ी जनभावना को थॉमस लिप्टन ने ब्रांड प्रमोशन में उपयोग किया। वे रोज सूअरों की परेड निकलवाते, जिनकी दूम में रिबन बंधी होती थी और जुलूस का बैनर होता था- 'लिप्टन के अनाथ'। 135 साल पहले ऐसे दिलचस्प ब्रांड प्रमोशन के साथ थॉमस लिप्टन ने मार्केटिंग इवेंट्स की भी शुरुआत की।

थॉमस जॉनसन लिप्टन

लिप्टन आज यूनीलिवर की प्रॉपर्टी है, पर यह सर थॉमस जॉनसन का ब्रेन चाइल्ड है। 140 साल पहले उन्होंने लिप्टन शॉप्स के नाम से किराना दुकान श्रृंखला स्थापित की थी। इसे प्रमोट करने के लिए उन्होंने प्रमोशनल पोस्टर्स बनवाए तो सूअरों की परेड निकाली। सन् 1890 में उन्होंने ही लांच की थी 'लिप्टन टी'।

एक किराना दुकान मालिक की पांच संतानों में सबसे छोटे थे थॉमस जॉनसन लिप्टन। 10 मई, 1850 को स्कॉटलैंड में जन्मे लिप्टन को उनकी मां ने प्रति सप्ताह 3 सेंट शुल्क चुकाकर प्रारंभिक शिक्षा दिलवाई। 10 साल की उम्र में थॉमस ने एक स्टेशनरी शॉप में नौकरी की तो वहां भी उन्हें साप्ताहिक वेतन मिला 3 सेंट। स्कॉटलैंड में 5 साल तक कम वेतन की नौकरियां करने के बाद वे 15 साल की उम्र में न्यूयॉर्क पहुंच गए। यहां एक समुद्री जहाज में केबिन बॉय की नौकरी ने उन्हें समुद्र-प्रेमी बनाया। एक राइस प्लांटेशन फर्म की नौकरी में उन्होंने अकाउंटिंग सीखी। न्यूयॉर्क के एक ग्रॉसरी स्टोर में उन्होंने अमेरिकन रिटेलर्स की कार्यप्रणाली देखी तो उसे अपने परिवार की दुकान पर आजमाने के लिए वे सन् 1869 में स्कॉटलैंड लौट आए।

यहां किराना दुकान में वे मां-पिता के सहयोगी बने। उन्होंने पुश्तैनी दुकान की कार्यप्रणाली बदलना चाही तो पिता बोले-'टॉम बड़े सपने देखोगे तो लोग शेखचिल्ली कहेंगे।' अपने 21वें जन्मदिवस पर थॉमस ने इंडस्ट्रियल टाऊन ग्लासगो की स्टॉब क्रॉस स्ट्रीट पर स्वतंत्र दुकान खोली। उन दिनों दुकानदार अपनी सुविधानुसार सामान रखते थे, पर थॉमस ने ग्राहक की नजर पड़ने वाले अमेरिकन डिपार्टमेंटल स्टोर की तरह सामान डिस्प्ले किया। थॉमस लिप्टन को

THE FIRST PICTORIAL ADVERTISEMENT UTILIZED BY LIPTON

मां ने कहा था कि मध्यस्थों के बजाए सीधे उत्पादकों से सामान खरीदना। थॉमस ने सूअर के मांस का अचार, अंडे, बटर आदि आयरिश किसानों से खरीदे। इससे उनकी जो मार्जिन बढ़ी, उसे अपने ग्राहकों से शेयर किया। कस्टमर फ्रेंडली व्यवहार के कारण बहुत जल्दी थॉमस लिप्टन को अपनी दुकान बड़े परिसर में शिफ्ट करना पड़ी। उन दिनों वे 24 घंटे दुकान पर रहे और काउंटर के नीचे सोए।

लीक से हटकर दुकानदारी और कड़ी मेहनत का सुफल मिला। सन् 1890 में स्कॉटलैंड के शहरों, कस्बों व गांवों में 200 से ज्यादा लिप्टन स्टोर हो गए। अपनी इस रिटेल स्टोर श्रृंखला को प्रमोट करने के लिए भी थॉमस लिप्टन ने कई दिलचस्प पहल की। वे हर सप्ताह एक कार्टूनिस्ट से प्रमोशनल पोस्टर बनवाते और उन्हें दीवारों पर पेस्ट करवाते। एक पोस्टर खूब चर्चित हुआ। इसमें एक निर्धन व्यक्ति एक रोते हुए सूअर को थैले में डालकर ले जा रहा था।

उसके धनी पड़ोसी ने पूछा- इसे कहां ले जा रहे हो, तो उसने बताया- यह अनाथ है, मैं इसे लिप्टन शॉप पर छोड़ दूंगा।

पश्चिम में सूअर तब पालतू पशु था, जिसे आनन्द और भय का प्रतीक माना जाता था। सूअर के मांस की डिशेस चाव से खाई जाती थीं। अनाथ सूअर के पोस्टर से जुड़ी जनभावना को थॉमस लिप्टन ने ब्रांड प्रमोशन में उपयोग किया। अलग-अलग सड़क पर वे रोज सूअरों की परेड निकलवाते, जिनकी दूम में रिबन बंधी होती थी और जुलूस का बैनर होता था- 'लिप्टन के अनाथ'। 135 साल पहले ऐसे दिलचस्प ब्रांड प्रमोशन के साथ थॉमस लिप्टन ने मार्केटिंग इवेंट्स की भी शुरुआत की, जो तब अजूबा था। क्रिसमस डे के लिए उन्होंने 600 गायों के दूध से एक सप्ताह में विशाल चीज बनवाई। इसे न्यूयॉर्क से आयातित चीज बताकर हाथी पर लिप्टन शॉप्स तक पहुंचाया। लोगों का हुजूम इस जुलूस के पीछे पहुंचा और दो घंटे में वह चीज बिक गई।

थॉमस लिप्टन धनी होने लगे, पर वे नियमित अपने ग्रॉसरी स्टोर्स पर पहुंचते। वहां वे ग्राहकों के व्यवहार पर नजर रखते। ऐसे ही मार्केट सर्वे के दौरान उन्होंने पाया कि वर्किंग क्लास लोग चाय के लूज पैकेट उठाते हैं, पर मूल्य व वजन देखकर रख देते हैं। ब्रांडेड चाय तब लांच नहीं हुई थी। रईस चाय बागानों से चाय बुलवाते थे। मध्यम वर्गीय परिवारों को यह महंगी प्रतीत होती थी। चाय को सबके लिए अफोर्डेबल बनाने की मंशा से थॉमस लिप्टन ने लंदन के टी ब्रोकर्स के बजाए चाय बागानों से खरीदने का निर्णय लिया।

सिलोन (अब श्रीलंका) तब बड़ा चाय उत्पादक देश था। थॉमस लिप्टन वहां पहुंचे तो पाया कि वे चाय बागान खरीद सकते हैं, तो चाय क्यों खरीदें? उन्होंने यही किया। सिलोन में ही उन्होंने पैकेजिंग व शिपिंग सुविधाएं जुटाईं, जहां तमिल श्रमिक सस्ते थे। लिप्टन शॉप श्रृंखला से इसके बाद उन्होंने ब्रांडेड लिप्टन टी के तीन फैमेली पैकेजेस लांच किए। इनकी विज्ञापनी पंच लाइन थी- 'द परफेक्ट टी टू सूट वॉटर ऑफ यूअर टॉऊन' और 'डायरेक्ट फ्रॉम द टी

गार्डन टू यूअर पॉट'। लिप्टन टी की बिक्री इतनी बढ़ी कि थॉमस लिप्टन को लिप्टन शॉप्स के अलावा अन्य दुकानों को भी लिप्टन टी सप्लाई करना पड़ी। थॉमस लिप्टन ने भी टी गार्डन के अलावा कोकोनट प्लांटेशन व फ्रूटफार्म खरीदे। मीट, बैकरी और वाइन स्टोर्स खोले। लिप्टन किराना शॉप्स ने उन्हें मिलेनियर बनाया था तो लिप्टन टी ने बना दिया बिलेनियर।

थॉमस लिप्टन को अपनी मां से खूब लगाव था। लंदन में उनके कारोबारी संपर्क बढ़ गए थे। मित्र उन्हें सलाह देते थे कि वे लंदन शिफ्ट हो जाएं और यहीं से व्यापार करें, पर मां कहती थीं– 'टॉम (थॉमस) जड़ों से जुदा मत होना।' सन् 1889 में मां और कुछ महीनों बाद पिता का निधन हो गया तो थॉमस लिप्टन लंदन शिफ्ट हो गए। यहां उन्होंने साऊथगेट मिडिलसेक्स में 60 एकड़ भूखंड पर बना विशाल कम्फर्टेबल घर और 1240 टन क्षमता की स्टीम यॉट खरीदी। थॉमस लिप्टन ने कभी समुद्री जहाज में केबिन बॉय की नौकरी की थी। समुद्र से तब जो प्यार हुआ था, उसकी अभिव्यक्ति थी यह विशाल नौका।

सन् 1898 में थॉमस लिप्टन ने स्टॉक मार्केट में दस्तक दी तो शेयर मार्केट के विशेषज्ञों ने कहा था– 'लिप्टन टी अच्छा उत्पाद है, पर इसका मार्केट अभी बहुत छोटा है।' चाय तब मॉस प्रॉडक्ट नहीं था, पर वे नहीं जानते थे कि थॉमस लिप्टन ने बहुसंख्यक मध्यम वर्गीय परिवारों के किचन में गहरी सेंध लगा दी है। कहते हैं कि पहली बार किसी शेयर के आवेदनकर्ताओं की ऐसी भीड़ जुटी कि स्कॉटलैंड पुलिस को मोर्चा संभालना पड़ा। सन् 1898 में ही ब्रिटेन के शाही परिवार ने उन्हें 'सर' की उपाधि से नवाजा और फिर शुरु हुई एक छोटे से किराना व्यवसायी के पुत्र थॉमस लिप्टन की नवाबी यात्रा।

थॉमस लिप्टन को लंदन की लक्जरी लाइफ स्टाइल खूब रास आई। ब्रिटेन के शाही परिवार के साथ उन्होंने ऐसे अंतरंग रिश्ते बनाए कि वे अकसर बकिंघम पैलेस में आमंत्रित किए जाने लगे तो वे भी किंग एडवर्ड (सेवंथ) व उनके परिवार को यॉट में नौका विहार के लिए ले जाते। अमेरिका में भी थॉमस लिप्टन ने वॉल स्ट्रीट व हॉलीवुड सहित अमेरिकन राष्ट्रपति रूजल बेल्ट के साथ दोस्ती की। सार्वजनिक जीवन में व्यस्तता के बावजूद लिप्टन ब्रांड को वे नहीं भूले और एक दौर ऐसा था कि सेलिंग, रेसिंग, क्रिकेट या फुटबॉल की राष्ट्रीय अंतरराष्ट्रीय प्रतियोगिताओं में लिप्टन कप को हर टीम हासिल करना चाहती थी।

77 वर्ष की उम्र में थॉमस लिप्टन ने रिटायरमेंट प्लान बनाया। सन् 1927 में उन्होंने अपनी कंपनी के 25 फीसदी शेयर वॉन डेन बर्गस को बेच दिए। सर थॉमस फर्गुसन लिप्टन के चेअरमेन बने। थॉमस लिप्टन पॉवरलेस प्रेसिडेंट बन कर रह गए। यह हालात उन्हें रास नहीं आए तो दो माह बाद ही उन्होंने अपने शेष शेयर होम एंड कोलोनियल कंपनी को बेच दिए, पर अमेरिकन कंपनी थॉमस जे. लिप्टन इंक और सिलोन के चाय बागानों का स्वामित्व नहीं बेचा।

2 अक्टूबर, 1931 को 81 वर्ष की उम्र में लिप्टन ब्रांड के क्रिएटर सर थॉमस ने नींद में ही काया त्यागी। उन्होंने विवाह नहीं किया था, पर अपनी युवावस्था में

कई गर्लफ्रेंड्स से अंतरंग रिश्ते बनाए थे। मीडिया भी उनकी उदारता से इतना अभिभूत था कि उनकी गर्लफ्रेंड्स को लेकर गॉसिप अवश्य छापता था, पर उन्हें फ्लर्ट नहीं मानता था। सर थॉमस लिप्टन के निधन के बाद उनकी इच्छानुसार सारी सम्पदा परोपकारी गतिविधियों के लिए लिप्टन ट्रस्ट को मिली। उनका लंदन स्थित भव्य मकान उनकी मां की स्मृति में रिटायर्ड नर्सों के अस्पताल में तब्दील किया गया।

यूनीलिवर और लिप्टन

यूनीलिवर ने लिप्टन ब्रांड सन् 1938 से 1972 में अलग-अलग सौदों में खरीदा है। यूनीलिवर आज श्रीलंका, भारत, केन्या, चीन के चाय बागानों की चाय दुनिया के 150 देशों में बेच रहा है। इन देशों में लिप्टन ब्लैक टी, नेचरल एनर्जी, फ्लेवर्ड ब्लैक टी, के-कप पेक, आईस्ड टी, टी एंड हनी, ग्रीन टी, व्हाइट एंड रेड, हर्बल टी और लिप्टन यलो लेबल टी ब्रांड्स खूब लोकप्रिय हैं। सन् 1890 में सर थॉमस लिप्टन ने इसे यलो पैक में रेड लिप्टन शील्ड के साथ लांच किया था। उनकी स्मृति में यूनीलिवर ने यलो लेवल टी की पैकजिंग नहीं बदली है। सर थॉमस लिप्टन जहां होंगे, खुश होंगे कि उन्हें चाय को मॉस प्रॉडक्ट बनाने के लिए याद किया जाता है। आज सारी दुनिया में सालाना 100 अरब कप लिप्टन चाय पी जा रही है।

A Brand Ambassador is a person who is hired by an organization or company to represent a brand in a positive light and by doing so they help to increase brand awareness and sales. The brand ambassador is meant to embody the corporate identity in appearance, demeanor, values and ethics. The key element of brand ambassadors lies in their ability to use promotional strategies that will strengthen the customer-product/service relationship and influence a large audience to buy and consume more. Predominantly, a brand ambassador is known as a positive spokesperson, an opinion leader or a community influencer, appointed as an internal or external agent to boost product/service sales and create brand awareness.

थॉमस एल्वा एडिसन का ब्रेन चाइल्ड

Imagination at work

जनरल इलेक्ट्रिक–1892

सन् 1892 में जन्मी जनरल इलेक्ट्रिक (जीई) आज जेट एयरक्राफ्ट बनाती है। अंतरिक्ष यान बनाने में नासा की मददगार है। इसने पनामा नहर पर दुनिया का सबसे बड़ा इलेक्ट्रिक इंस्टालेशन किया है। इसके टर्बाइन से दुनिया के कई विशाल न्यूक्लियर, गैस व पॉवर प्लांट्स बिजली पैदा कर रहे हैं। जनरल इलेक्ट्रिक की मेडिको मशीनों ने असाध्य रोगों का निदान व उपचार आसान बनाया है। जनरल इलेक्ट्रिक ने ही उद्योगों को मेन-मेड-डायमंड्स की सौगात दी है। वैक्यूम ट्यूब जनरल इलेक्ट्रिक की ऐसी खोज है, जिसने इलेक्ट्रॉनिक युग को जन्म दिया है।

थॉमस एल्वा एडिसन

25 ग्लोबल ब्रांड

सन् 1847 में जन्मे थॉमस एल्वा एडिसन बचपन में इतने मंदबुद्धि थे कि उन्हें स्कूल से निकाल दिया गया था। मां नेन्सी एडिसन ने उन्हें घर में पढ़ाया। लाइब्रेरी उनकी पाठशाला हो गई। जिज्ञासु स्वभाव के थॉमस एडिसन प्रयोगों में इतने खो जाते कि उन्हें खाने-पीने की सुध नहीं रहती थी। प्रयोगशाला की मेज पर पुस्तकों को तकिया बनाकर वे झपकी ले लेते थे। बिजली का बल्ब बनाने की कोशिश में वे हजारों बार असफल हुए। सन् 1878 में सफलता मिली तो मेनलो पार्क, न्यूजर्सी में उन्होंने एक प्रयोगशाला स्थापित की। यही जनरल इलेक्ट्रिक (जीई) की बुनियाद है। सवा तीन लाख कर्मचारियों के इस अमेरिकन बहुराष्ट्रीय समूह को ग्लोबल कॉमर्स मीडिया ने कई बार कई अवार्ड्स प्रदान किए हैं। फार्चून : 500 कंपनियों में इसका क्रम 26वां (2011) है। इंटर ब्रांड मैगजीन के अनुसार जीई दुनिया का 5वां सबसे कीमती ब्रांड है। फार्चून मैगजीन के अनुसार दुनिया की सर्वश्रेष्ठ कंपनियों में एक है 'जीई'।

थॉमस एल्वा एडिसन जितने महान आविष्कारक थे, उतने ही ग्रेट बिजनेस टायकून भी। उन्होंने जो भी नए इलेक्ट्रिक उत्पाद बनाए, पहले उनके पेटेंट अधिकार प्राप्त किए और फिर उन्हें लांच किया। सन् 1889 में उन्होंने चार कम्पनियां स्थापित कीं, जिनके विलयन से सन् 1892 में बनी 'एडिसन जनरल इलेक्ट्रिक'।

इलेक्ट्रिकल उद्योग उन दिनों भ्रूणावस्था में था। थॉमस एडिसन जैसे ही एक और टेक्नोप्रिनर थे एलीहू थॉमसन एडविन। उन्होंने आर्क लाइटिंग सिस्टम डिजाइन किया और सन् 1879 में स्थापित की थॉमसन ह्यूस्टॉन इलेक्ट्रिक

कंपनी। यह कंपनी एडिसन जनरल इलेक्ट्रिक की प्रतिस्पर्धी थी। थॉमस एडिसन ने सन् 1892 में एलीहू थॉमसन को परस्पर प्रतिस्पर्धा करने के बजाय कंपनियों के विलयन के लिए तैयार किया। इसके पीछे उनकी मंशा थी दोनों के पेटेंट अधिकारों से जनसाधारण की जिंदगी को आसान बनाने वाले इलेक्ट्रिक उत्पाद बनाना। इस विलयन से जन्मी जनरल इलेक्ट्रिक (जीई)।

जनरल इलेक्ट्रिक आज जेट एयरक्राफ्ट बनाती है। अंतरिक्ष यान बनाने में नासा की मददगार है। इसने पनामा नहर पर दुनिया का सबसे बड़ा इलेक्ट्रिक इंस्टालेशन किया है। इसके टर्बाइन से दुनिया के कई विशाल न्यूक्लियर, गैस व पॉवर प्लांट्स बिजली पैदा कर रहे हैं। जनरल इलेक्ट्रिक की मेडिको मशीनों ने असाध्य रोगों का निदान व उपचार आसान बनाया है। जनरल इलेक्ट्रिक ने ही उद्योगों को 'मेन-मेड-डायमंड्स' की सौगात दी है। वैक्यूम ट्यूब जनरल इलेक्ट्रिक की ऐसी खोज है, जिसने इलेक्ट्रॉनिक युग को जन्म दिया है। मजेदार बात यह है कि जटिल तकनीक के उत्पाद बनाने वाली जनरल इलेक्ट्रिक के शुरुआती उत्पाद थे- बिजली के बल्ब, इलेक्ट्रिक कॉफी मेकर, टोस्टर, रिकॉर्डर, फेन्स, फ्रिज, वाशिंग मशीन, डिश वासर आदि। इन्हें बेचने के लिए तब कंपनी को ऐसे विज्ञापन डिजाइन करवाना पड़े, जो लोगों को बताते थे कि उत्पाद क्या है और कैसे उनकी रोजमर्रा की जिंदगी को आसान बनाएंगे। उन दिनों जनरल इलेक्ट्रिक के विज्ञापनों की पंच लाइन थी- 'व्ही ब्रिंग गुड थिंग्स टू लाइफ'।

जनरल इलेक्ट्रिक के संस्थापक मूलतः इन्वेंटर थे, जिन्होंने कभी कंपनी का शीर्ष पद नहीं संभाला। जनरल इलेक्ट्रिक को आक्रामक बहुराष्ट्रीय कॉरपोरेशन बनाने वाले शख्स हैं जेक वेल्स।

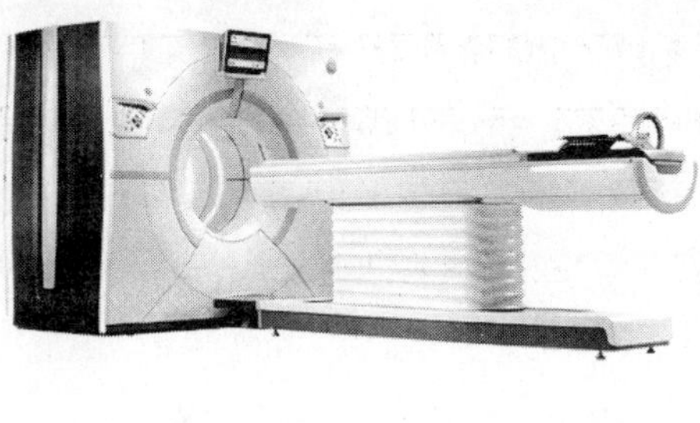

सन् 1960 में जूनियर इंजीनियर

की हैसियत से जीई को ज्वाइन करने वाले जेक वेल्स सन् 1981 में 49 वर्ष की उम्र में कंपनी के चेयरमैन बने तो उन्होंने जीई के ऑपरेशन की 'बाउंड्रीलेस सर्जरी' (हर हाल में परिणामोन्मुखी) की। वे सब कारोबार बेच दिए, जिसमें जीई नंबर वन नहीं थी। 20 साल में उन्होंने 600 से ज्यादा अधिग्रहण किए। 'काम करो या बोरिया-बिस्तर बांधो' की सख्ती के साथ एक लाख से ज्यादा स्टाफ को नौकरी से निकाला। जीई में सिक्स सिग्मा लागू करवाकर मुनाफा करोड़ों डॉलर पहुंचा दिया तो छोटे-बड़े हर परफार्मर कर्मचारी को स्टॉक ऑप्शन देकर मिलेनियर बनाया।

तीन लाख से ज्यादा कर्मचारियों की अमेरिकन बहुराष्ट्रीय कंपनी जनरल इलेक्ट्रिक की आज प्रमुख सहायक कंपनियां हैं- जीई एविएशन, जीई कैपिटल, जीई एनर्जी, जीई ग्लोबल रिसर्च, जीई हेल्थ केयर, जीई होम एंड बिजनेस सॉल्यूशंस, जीई ऑइल एंड गैस, जीई पॉवर एंड वाटर। इलेक्ट्रिक डिस्ट्रिब्यूशन, इलेक्ट्रिक मोटर्स, एनर्जी, फाइनेंस, गैस, हेल्थ केयर, लाइटिंग, लोकॉमोटिव, ऑइल, सॉफ्टवेयर, विंड टर्बाइन आदि बनाने वाली जनरल इलेक्ट्रिक अरबों रुपए का सालाना व्यापार कर रही है। जनरल इलेक्ट्रिक की संपदा का मूल्यांकन किया जाता है 826 बिलियन डॉलर (करीब 54,000 अरब रुपए)। जनरल इलेक्ट्रिक के उत्पादों की ब्रांडिंग के लिए सन् 1892 में एक मोनोग्राम डिजाइन करवाया गया था, जिसमें एक-दूसरे से जुड़े दो शब्द अंकित थे- 'जी' और 'ई'। सन् 1900 में इन शब्दों को एक गोले में रखा गया, जो इलेक्ट्रिसिटी मूवमेंट दर्शाता है। सन् 2004 में इस लोगो को ब्लू रंग दिया गया। टाइमलेस इनोवेशन का विकल्प बन चुके इस लोगो में 122 सालों में कोई बेसिक फेरबदल नहीं हुआ है। हालांकि, जीई ऐसा ग्लोबल ब्रांड बन गया है, जिसका आज मूल्यांकन किया जाता है 1800 अरब रुपए।

ROYAL ENFIELD

मेड लाइक ए गन

Bullet is not just a bike, it's a life

रॉयल इनफील्ड–1893

इंग्लैंड की अस्त्र-शस्त्र निर्माता कंपनी इनफील्ड बाइसिकल्स, लॉन मूवर्स और स्टेशनरी इंजन बनाती थी। सवा सौ साल पहले सन् 1890 में ब्रिटिश क्रॉउन (राज्यसत्ता) से इसे अपने उत्पादों के लिए 'रॉयल इनफील्ड' ब्रांडनेम उपयोग करने की अनुमति मिली। सन् 1909 में रॉयल इनफील्ड ने स्विस इंजन से बनी सवा दो हॉर्सपावर की मिनी मोटर साइकिल लांच की। सन् 1912 में रॉयल इनफील्ड ने 5 हॉर्स पॉवर/770 सीसी की बाइक बनाई। साइड कार वाली इस पॉवरफुल बाइक ने रॉयल इनफील्ड ब्रांड को घर-घर पहुंचाया।

सिद्धार्थ लाल

25 ग्लोबल ब्रांड

दुनिया की पॉवरफुल मोटरसाइकिल रॉयल इनफील्ड का इतिहास इसके लोकप्रिय नाम बुलेट की तरह 'बोल्ड' है तो इसके लोगो पर गन का चिह्न इस बात की घोषणा है–'मेड लाइक ए गन'। यह सच भी है। इंग्लैंड की अस्त्र-शस्त्र निर्माता कंपनी इनफील्ड बाइसिकल्स, लॉन मूवर्स और स्टेशनरी इंजन बनाती थी। सवा सौ साल पहले सन् 1890 में ब्रिटिश क्रॉउन (राजसत्ता) से इसे अपने उत्पादों के लिए रॉयल इनफील्ड ब्रांडनेम उपयोग करने की अनुमति मिली। सन् 1909 में रॉयल इनफील्ड ने स्विस इंजन से बनी सवा दो हॉर्सपॉवर की मिनी मोटरसाइकिल लांच की। सन् 1912 में रॉयल इनफील्ड ने 5 हॉर्सपॉवर/770 सीसी की बाइक बनाई। साइड कार वाली इस पॉवरफुल बाइक ने रॉयल इनफील्ड ब्रांड को घर-घर पहुंचाया। इस बाइक का मॉस प्रोडक्शन हो और यह अफोर्डेबल बने, इसके पहले ही प्रथम विश्वयुद्ध शुरू हो गया।

मूलतः शस्त्र निर्माता कंपनी रॉयल इनफील्ड ने ब्रिटिश फौज के लिए ताबड़तोड़ 6 हॉर्सपॉवर की रफ-टफ मोटरसाइकिल विकसित की और इसके दो वर्सन तैयार किए। एक में घायल या मृत सैनिक के परिवहन के लिए कवर्ड साइड कार लगाई तो दूसरे के साथ मशीनगन साइड कार अटैचमेंट लगाया, जिसे आसमान की ओर मोड़कर लो-फ्लाइंग एयरक्राफ्ट्स को निशाना बनाया जा सकता था। रॉयल इनफील्ड की इन बाइक्स को ब्रिटिश फौज के अलावा रशियन गवर्नमेंट ने भी खरीदा तो युद्ध के दौरान कंपनी को तीन शिफ्टों में मेन्यूफेक्चरिंग करना पड़ी।

गैर फौजी बाइक प्रेमी जिस रॉयल इनफील्ड बुलेट के दीवाने हैं, वह सन् 1949 में ब्रिटेन में लांच हुई थी। सिंगल सिलेंडर इंजन वाली 300 सीसी की

इस पॉवरफुल बाइक में कई खूबियां थीं, जैसे स्विंग आर्म सस्पेंशन। 1950 के दशक में इसके 500 सीसी वर्सन ने सैकड़ों रेस जीती और बुलेट को ग्लोबल उद्योग की 'बेंडिट क्वीन' बना दिया, यांनी जिससे डरें भी और जिसे पसंद भी करें।

देश की आजादी के बाद भारत को इंडो-पाक बॉर्डर की चौकसी बढ़ाना पड़ी। सन् 1954 में सरकार ने इसके लिए रॉयल इनफील्ड से 800 बुलेट्स खरीदीं। तयशुदा समय में इतनी बाइक बनाने के लिए कंपनी को एक बार फिर भारी मशक्कत करना पड़ी। यह ऑर्डर पूरा हुआ ही था कि सन् 1955 और 1956 में भारत सरकार ने फौज के साथ पुलिस के लिए भी बुलेट्स की मांग की तो रॉयल इनफील्ड ने स्थानीय भागीदार के साथ भारत में ही असेंबली यूनिट स्थापित करने का निर्णय लिया। भारतीय भागीदार मद्रास मोटर्स ने बुलेट असेंबल करने की ट्रेनिंग के लिए अपने टेक्नोक्रेट्स इंग्लैंड भेजे। इसके बाद वहां से प्राप्त नॉक डाउन यूनिट्स भारत में असेंबल होने लगीं।

पुलिस को सड़कों पर बुलेट दौड़ाते देख एडवेंचर प्रेमी भारतीय युवाओं में बुलेट का क्रेज इतना बढ़ा कि सन् 1956 में रॉयल इनफील्ड यूके ने भारत में 'इनफील्ड इंडिया लि.' नाम से एक सहायक कंपनी बनाकर मद्रास (अब चेन्नई) में फैक्ट्री स्थापित की। सन् 1957 में इनफील्ड इंडिया भारत में ही बुलेट के कम्पोनेंट्स भी बनाने लगी। उन दिनों देश में 'राजदूत' व 'जावा' खूब

बिकती थीं, पर बुलेट ने एडवेंचर्स ग्राहकों के एक समूह को अपना लॉयल कस्टमर बना लिया था। इनफील्ड इंडिया नंबर गेम (कौन कितने वाहन बेचता है) में कभी नहीं उलझी। बुलेट की वेटिंग बनी रहे, इसलिए कंपनी ने सीमित उत्पादन करके बुलेट का क्रेज बनाए रखा। सन् 1971 में रॉयल इनफील्ड ने बाइक बनाना बंद कर दिया, पर भारत में बुलेट बनती व बिकती रही।

मजेदार बात यह है कि ब्रिटेन में जन्मे रॉयल इनफील्ड ब्रांड का 90 के दशक में भारत को स्वामित्व मिल गया। सन् 1994 में आयशर ग्रुप ने इनफील्ड इंडिया को खरीद लिया और नामकरण किया– 'रॉयल इनफील्ड'। भारत में तब बुलेट की पहचान थी– 'सड़क पर दौड़े तो साउंड से फायरिंग का आभास करवाए।' आयशर ग्रुप के लिए भी बुलेट की कारोबारी यात्रा एडवेंचर साबित हुई है। यहां बुलेट को हमेशा वे सीमित ग्राहक ही मिले, जो रफ–टफ बाइक चाहते थे। एक दौर तो ऐसा आ गया कि बुलेट की सालाना बिक्री घटकर मात्र 2000 रह गई। बुलेट को भारत ही नहीं, यूके, यूएसए, जापान, यूएई, कोरिया, बहरीन, फ्रांस और जर्मनी सहित 40 से अधिक देशों में 250 सीसी से 750 सीसी सेगमेंट की लीडर बनाने वाले उद्यमी हैं आयशर ग्रुप के पूर्व सीईओ

विक्रम लाल के पुत्र सिद्धार्थ लाल।

कहते हैं कि ऑटोमोटिव इंजीनियरिंग में एम.एससी. सिद्धार्थ लाल का सन् 2004 में विवाह हुआ तो वे और उनके बाराती लाल बुलेट पर सवारी करते हुए दुल्हन के घर पहुंचे थे। यह तमाशा नहीं था, बल्कि सिद्धार्थ लाल का भरोसा था कि बुलेट आसानी से मैदान नहीं छोड़ेगी। यह हुआ भी। सन् 2004 में ही उन्होंने आयशर ग्रुप के सीओओ का पद संभाला, तब समूह ट्रैक्टर्स, ट्रक, मोटर साइकिल, कम्पोनेंट्स, फूटवियर्स और गारमेंट्स सहित 15 उद्योग क्षेत्र में सक्रिय था, पर किसी मार्केट का लीडर नहीं था। सिद्धार्थ लाल ने 15 में से 13 बिजनेस बेच दिए, जिनमें टैफे ट्रैक्टर भी था। उन्होंने जिन दो बिजनेस पर फोकस किया, वे हैं – ट्रक के अलावा बाइक। उनके ही शब्दों में कहें तो तब समूह में मोटर साइकल बिजनेस था– 'द जोकर इन पेक।'

सोच आसान था हकीकत मुश्किल। सिद्धार्थ लाल की पहली परेशानी थी– बुलेट की पहचान – रफ–टफ लुक और धमाकेदार आवाज। बुलेट में तब कॉस्ट आयरन इंजन और गियर बॉक्स अलग–अलग इंस्टॉल किए जाते थे, जिसके कारण ऑयल लीक होता था। लॉयल ग्राहक इस समस्या के साथ केवल 'किक स्टार्ट' बाइक ही चाहते थे, जबकि इलेक्ट्रिक स्टार्ट का युग आ चुका था।

सिद्धार्थ लाल ने जोखिम उठाई। बुलेट के रौबदार लुक से उन्होंने छेड़छाड़ नहीं की, पर इंजन व गियर की एल्यूमीनियम की सिंगल यूनिट विकसित करवाई। डिस्क ब्रेक के साथ इलेक्ट्रिक स्टार्ट बुलेट लांच की। इस आल्टरेशन के कारण फायरिंग का आभास कराने वाला साउंड 'मिस' हो गया। सिद्धार्थ लाल ने इंटरनेशनल कंसल्टेंट की मदद ली और एक्जास्ट पाइप को बड़ा किया, ताकि बुलेट दौड़े तो पहले की तरह फायरिंग का बोध करवाए।

रॉयल इनफील्ड ने बुलेट के अलावा क्लासिक, थंडरबर्ड, डेजर्ट स्टार्ट और कांटिनेंटल जीटी बाइक भी लांच की हैं। सिद्धार्थ लाल ने बिक्री के लिए भी भव्य शोरूम खोले। बुलेट के स्वभाव के अनुकूल प्रमोशन अभियान शुरू करते

हुए हिमालय ओडिसी और टू ऑफ तिब्बत जैसे एडवेंचर्स टूर आयोजित किए। लॉयल कस्टमर्स के क्लब बनाए। इन सब ने रॉयल इनफील्ड बाइक की बिक्री बढ़ाई। सन् 2011 में कंपनी ने 74626 बाइक बेची थी।

आज घरेलू मार्केट में रॉयल इनफील्ड की मिडवेट लीजर बाइक सेगमेंट में हिस्सेदारी 95 फीसदी है। शेष 4 फीसदी ही हार्ले डेविडसन, डुकोटी और ट्रम्प जैसी दिग्गज कंपनियों के पास है। इसका एक कारण प्राइसिंग भी है। रॉयल इनफील्ड की सबसे महंगी बाइक 'कांटिनेंटल जीटी' का मूल्य 2.25 लाख रुपए है, जबकि हार्ले डेविडसन स्ट्रीट की कीमत है 4.75 लाख रुपए। ट्रम्प व डुकोटी बाइक्स तो इससे भी ज्यादा महंगी हैं। इससे ज्यादा मजेदार बात यह है कि रॉयल इनफील्ड की कांटिनेंटल के सामने देश में बन रही न्यू एज बाइक्स को बुलेट प्रेमी युवा 'स्कूटी' मानते हैं और कहते हैं– ''दम चाहिए, दमदार बुलेट की सवारी करने के लिए।''

Bata

मोची के बेटे का कारोबारी कमाल

First to Bata, Than to School

बाटा -1894

टॉमस जी. बाटा

सन् 1894 में टॉमस बाटा ने शू मैन्यूफैक्चरिंग के लिए 320 डॉलर सीड कैपिटल व 10 श्रमिकों के साथ एक कंपनी स्थापित की- टी. एंड ए. बाटा शू। एक ही साल में कंपनी डूबने की कगार पर पहुंच गई। उन दिनों चमड़े के ही जूते बनते थे। टी. एंड ए. बाटा शू कंपनी ने केनवॅस के जूते बनाए। सस्ते और वॉशेबल बाटोवकी ब्रांडनेम से ये शूज खूब लोकप्रिय हुए। सन् 1899 में उन्होंने पहली भाप चलित शू-मेकिंग मशीन लगाकर फूटवियर्स उद्योग के आधुनिकीकरण की शुरुआत की और टॉमस बाटा सस्ते व कम वजनी फुटवियर्स के सबसे बड़े यूरोपियन शू निर्माता बन गए।

25 ग्लोबल ब्रांड

आजादी के समय हमारे देश में किंवदंती थी– 'देश का सबसे बड़ा लुहार टाटा व सबसे बड़ा मोची बाटा'। प्रथम दृष्टया यह संबोधन अटपटा व असंगत लगता है, पर इसमें छुपा हुआ है टाटा व बाटा के प्रति सम्मान और इसमें समाया हुआ है देश का औद्योगिक इतिहास।

यह पंक्ति याद दिलाती है कि हमारे देश के हर गांव में कभी दर्जी, जुलाहे, बुनकर, मोची थे। उनके संसाधन व समझ सीमित थी, पर वे अपनी उद्यमशीलता से लोगों की रोजमर्रा की जरूरतें पूरी कर देते थे।

चेकोस्लोवाकिया में जन्मे बाटा ब्रांड का इतिहास भी ऐसा ही है। एक ग्रामीण मोची परिवार के पुत्र द्वारा सवा सौ साल पहले स्थापित बाटा शू कंपनी ने दुनिया को सबसे पहले ड्यूरेबल व अफोर्डेबल फूटवियर्स की सौगात दी थी। आज तो कई लक्झरी व महंगे फूटवियर्स मार्केट में मौजूद हैं, पर हमारे देश ही नहीं दुनिया के बहुसंख्यक मध्यमवर्गीय की पहली पसंद है ब्रांड बाटा।

ग्लोबल फूटवियर्स व फैशन एसेसरीज (बेग्स, बेल्ट्स, ग्लब्ज, वैलेट्स आदि) बाटा ब्रांड की जड़ें यूरोपियन देश चेकोस्लोवाकिया के एक कस्बे ज्लिन से जुड़ी हुई हैं। 1667 से वहां बाटा परिवार की पीढ़ियां जूते बनाकर गुजर-बसर कर रही थीं। आमदनी इतनी थी कि पेट भर सकें। 3 अप्रैल, 1876 को जन्मे टॉमस बाटा ने सन् 1894 में परिवार की किस्मत बदल दी।

बाटा परिवार के तीसरे पुत्र थे टॉमस बाटा। वे 10 वर्ष के थे कि मां का निधन हो गया। पिता ने पुनर्विवाह कर लिया। टॉमस बाटा ने 14 साल की उम्र में शू-मेकिंग मशीन बनाने वाली कंपनी फेबर में नौकरी कर ली।

सन् 1894 में टॉमस बाटा ने बड़े भाई एंटोनीन बाटा व बहन एन्ना के साथ ज्लिन में शू मैन्यूफैक्चरिंग के लिए 320 डॉलर की सीड कैपिटल व 10 श्रमिकों के साथ एक कंपनी स्थापित की- टी. एंड ए. बाटा शू। भाग्य अभी उनके पुरुषार्थ को परखना चाहता था। एक ही साल में कंपनी डूबने की कगार पर पहुंच गई। टामस टाटा ने लीक ले हटकर पहल की। उन दिनों चमड़े के ही जूते बनते थे। टी. एंड ए. बाटा शू कंपनी ने पहली बार केनवॅस के जूते बनाए। सस्ते और वॉशेबल होने से बाटोवकी ब्रांडनेम के ये शूज खूब लोकप्रिय हुए। सन् 1897 में टॉमस बाटा ने सारा कर्ज चुका दिया। सन् 1899 में उन्होंने पहली भाप चलित शू-मेकिंग मशीन लगाकर फूटवियर्स उद्योग के आधुनिकीकरण की शुरुआत की। सन् 1904 में टॉमस बाटा सस्ते व कम वजन वाले फुटवियर्स के सबसे बड़े यूरोपियन शू निर्माता बन गए।

भाग्योदय होने लगा था, पर टॉमस बाटा संतुष्ट नहीं थे। इस असाधारण उद्यमी ने टी. एंड ए. बाटा शू कंपनी अपने भाई के सुपुर्द की और अमेरिकन शू निर्माताओं की कार्यप्रणाली देखने-समझने अमेरिका पहुंच गए। डेढ़ साल बाद गृहनगर लौटकर उन्होंने अपने श्रमिकों को लाभ-हानि में भागीदार बनाकर शू

मैन्यूफैक्चरिंग शुरू की।

सन् 1908 में टॉमस बाटा के भाई एंटोनीन बाटा का निधन हो गया। बहन एन्ना ने शादी कर ली। टॉमस अकेले रह गए। उनका भी विवाह हुआ और वे एक पुत्र के पिता बन गए। सन् 1912 में उनकी कंपनी में 600 पूर्णकालिक श्रमिक कार्यरत थे तो वे आसपास के गांवों के सैकड़ों मोचियों से आउटसोर्सिंग भी करते थे, यानी घर पर शूज बनाओ और कंपनी को बेच दो।

सन् 1914 में प्रथम विश्वयुद्ध शुरू हुआ। टॉमस बाटा को सेना के लिए जूते बनाने का बड़ा ऑर्डर मिला। सेना के लिए जूते बनाने के बाद जो कच्चा माल 'बाय-प्रॉडक्ट' के रूप में बचा, उससे उन्होंने गरीबों के लिए सस्ते जूते बनाए।

1918 में विश्वयुद्ध खत्म हुआ तो पूरी दुनिया में मंदी का दौर शुरू हो गया। चेक मुद्रा का 75 फीसदी अवमूल्यन हो गया। चेकोस्लोवाकिया के साथ बाटा परिवार का कारोबार भी इसकी चपेट में आ गया। महंगाई बढ़ने से मांग बढ़ी तो उद्योग जगत ने उत्पादन घटा दिया। हजारों नौकरियां खत्म हो गई। ऐसे दौर में टॉमस बाटा ने हिम्मत दिखाई। उन्होंने बाटा ब्रांड जूतों के दाम आधे कर दिए। यह चौंकाने वाला फैसला था। लोग बाटा को मूर्ख कहकर हंस रहे थे। कंपनी के श्रमिकों ने भी विरोध किया, क्योंकि लागत घटाने के लिए बाटा ने

कर्मचारियों की तनख्वाह भी 40 फीसदी कम कर दी थी। तमाम विरोधों के बावजूद बाटा नहीं झुके। उन्होंने समर्पित कर्मचारियों को खाना, कपड़े और रहने की मुफ्त सुविधा देकर उत्पादन जारी रखा। श्रमिक हितैषी कई नई परंपरा शुरू कर उत्पादन व बिक्री बढ़ाने वाले कर्मचारियों को उन्होंने प्रोत्साहन भत्ता दिया और विज्ञापन अभियान चलाया। इस दूरंदेशी व दिलेरी के अच्छे नतीजे मिले। मंदी के बावजूद आधी कीमतों के कारण बाटा ब्रांड शूज की इतनी मांग बढ़ी कि टॉमस बाटा को उत्पादन दस गुना बढ़ाना पड़ा।

'एक उद्यमी और एक उद्योग किसी शहर का कायाकल्प कर सकता है'- इसकी मिसाल है टॉमस बाटा और बाटा शू कंपनी। विश्वयुद्ध व मंदी के दौर में बाटा शू कंपनी के कारण ज्लिन सुस्त कस्बे से चहल-पहल वाला फैक्टरी टाउन बन गया। कई एकड़ में फैले बाटाविले में टॉमस बाटा ने 30 भवनों का कंपनी मुख्यालय बनवाया। इसके आसपास वेंडर्स ने छोटी-छोटी मैन्यूफैक्चरिंग इकाइयां लगाईं। ज्लिन में कई टेनरीज (चर्मशोधक) रसायन,

रबड़ उत्पादन, शू-शाईन वर्कशॉप्स के अलावा शूज व सॉक्स लाइनिंग के लिए फैब्रिक इकाइयां और पॉवर प्लांट स्थापित हो गए। टॉमस बाटा ने भी वहां 7 नए स्कूल और कर्मचारियों के लिए 1500 से ज्यादा आवास बनवाए। उनकी रोजमर्रा जरूरतों के लिए दुकानें खुल गईं। वैश्विक मंदी के दौर में टॉमस बाटा द्वारा अपने कस्बे का यह पुनरुद्धार बिजनेस मैनेजमेंट के छात्रों के लिए केस स्टडी है।

टॉमस बाटा ने शू-मैन्यूफैक्चरिंग सुविधाओं के विस्तार के साथ फूटवियर्स के अपने रिटेलिंग नेटवर्क को भी विश्वव्यापी बनाया। उन्होंने यूरोप, उत्तरी अमेरिका व एशिया में बाटा शोरूम्स खोले। अपने उत्पादों की प्राइजिंग का उनका तरीका हर उत्पाद का मूल्य 'रुपए व 99 पैसे' बाटा ब्रांड की ग्लोबल पहचान बन गया।

टॉमस बाटा ने चेकोस्लोवाकिया के बाहर भी बाटा टाउन्स (बाटानगर) व कारखाने स्थापित किए तो टेनिंग, एनर्जी, कृषि, फॉरेस्ट फॉर्मिंग, न्यूज पेपर, ईंट (ब्रिक्स), वूड प्रोसेसिंग, रबड़, कंस्ट्रक्शन, रेलवे, रोड व नदी ट्रांसपोर्ट,

पुस्तक प्रकाशन, फिल्म, फूड प्रोसेसिंग, रसायन, टायर, टेक्सटाइल, कोल मायनिंग, सिंथेटिक उद्योग में इंट्री ली। 1926 में वे चेकोस्लोवाकिया के चौथे सबसे बड़े उद्यमी बन गए। सन् 1930 में दुनिया के 60 देशों में टाटा फूटवियर्स बिकने लगे।

टॉमस बाटा की तब उम्र थी मात्र 56 वर्ष। बाटा को वे ग्लोबल फूटवियर्स ब्रांड बना चुके थे। संभावनाओं के सारे दरवाजे खुलने लगे थे कि 12 जुलाई, 1932 को हवाई दुर्घटना हुई। टॉमस को बाटा शोरूम के शुभारंभ के लिए स्विट्जरलैंड पहुंचना था। उनके निजी एयरक्राफ्ट ने उड़ान भरी। <u>कोहरे के कारण हवाई जहाज बाटा शू कंपनी की ही फैक्टरी की चिमनी से टकराया तथा ग्लोबल शूज इंडस्ट्रीज के हेनरी फोर्ड टॉमस बाटा का ऑन स्पाट निधन हो गया</u>।

टॉमस बाटा के अनायास निधन के बाद बाटा शू कंपनी के सूत्र उनके हॉफ ब्रदर जेन एंटोनीन बाटा व पुत्र थॉमस जॉन बाटा ने संभाले। इन दोनों ने संस्थापक की रीति-नीति पर चलते हुए कंपनी का 6 गुना फैलाव किया।

द्वितीय विश्वयुद्ध के बाद चेकोस्लोवाकिया में जबरदस्त भौगोलिक व राजनैतिक फेरबदल हुआ। 15 मार्च, 1939 को जर्मनी का चेकोस्लोवाकिया पर संपूर्ण नियंत्रण हो गया। नई सरकार ने बाटा के कारखानों का राष्ट्रीयकरण कर दिया। जेन एंटोनीन बाटा अमेरिका और कनाडा शिफ्ट हो गए।

थामस बाटा ने कनाडा से बाटा शू कंपनी का एक बार फिर विस्तार किया और एशिया, मध्य-पूर्व अफ्रीका व लेटिन अमेरिका को अपना नया मार्केट बनाया। सन् 2004 में थामस बाटा ने अपने पुत्र थामस जी. बाटा (संस्थापक टॉमस बाटा के ग्रांडसन) को कंपनी का चेयरमैन बना दिया। कंपनी का मुख्यालय

स्विट्जरलैंड शिफ्ट हुआ। टॉमस बाटा की ही तरह विजनरी उद्यमी थामस बाटा का सन् 2002 में 93 वर्ष की उम्र में निधन हुआ। विगत दो दशक में वैश्विक अर्थव्यवस्था आमूल बदल गई है। ग्लोबल फूटवियर्स मार्केट में आज कई ब्रांड्स हैं, तथापि बाटा इंटरनेशनल के एक आकलन के अनुसार दुनिया में हर रोज 10 लाख लोग बाटा ब्रांड शूज खरीदते हैं।

भारत में बाटा

80 साल पहले सन् 1931 में हमारे देश में बाटा आ गया था। बाटा ने पहली फैक्ट्री प. बंगाल के कोन्नागर में खोली थी, जो बाद में बाटानगर में शिफ्ट हो गई। इसके बाद बाटागंज (बिहार), फरीदाबाद (हरियाणा), पिनया (कर्नाटक) और होसुर (तमिलनाडु) समेत पांच फैक्टरियां शुरू हुई। इन सभी जगहों पर चमड़ा, रबर, कैनवास और पीवीसी से सस्ते, आरामदायक और मजबूत जूते बनाए जाते हैं।

भारत में बाटा ऐसा शू ब्रांड है, जिसका अपना लॉयल मध्यमवर्गीय ग्राहक समुदाय है।

यूनीलिवर का लाइफ सेवर लाइफबॉय

Making a billion Indians safe and secure

लाइफबॉय–1894

18वीं सदी में ही औद्योगिक क्रांति हुई। लंकाशायर (यूके) में उन दिनों गंदी बस्तियों में रहने वाले हजारों श्रमिक टायफाइड, डिसेंट्री और पीला बुखार जैसी बीमारियों से परेशान थे। सुधारवादी लोग सरकार पर दबाव डाल रहे थे कि श्रमिक परिवारों को 'हायजिन एजुकेशन' मिलना चाहिए। लीवर बंधुओं का 'हिडन एजेंडा' था फिनोल से बने लाइफबॉय साबुन को लोकप्रिय बनाना। लाभदायक परोपकार का मंत्र यहीं से यूनीलिवर को मिला, जिसने यूनीलिवर व लाइफबॉय को कई बार मार्केट के झटकों से बचाया और समूह उत्तरोत्तर उन्नति करता गया।

विलियम हेस्केथ लीवर

25 ग्लोबल ब्रांड

एफएमसीजी मार्केट का सबसे ज्यादा उपद्रवी उत्पाद है– 'साबुन'। ऐसा कोई शख्स नहीं, जो कहे कि वह साबुन उपयोग नहीं करता। किसी को नहाने के लिए, किसी को सुंदरता बढ़ाने के लिए तो किसी को स्वस्थ रहने के लिए साबुन चाहिए। कोई खुशबूदार साबुन से नहाता है तो कोई केवल हर्बल साबुन से। कई लोग हाथ धोने के लिए लिक्विड हैंडवॉश ही पसंद करते हैं। साबुन के जितने अलग–अलग उपभोक्ता हैं, उतने ही किस्म के ब्रांडेड व गैर ब्रांडेड साबुन मार्केट में मौजूद हैं। ऐसे घमासानी लोकल से ग्लोबल सोप मार्केट में 'शतकीय' पारी खेलने वाला अकेला सोप ब्रांड है– 'लाइफबॉय'।

अंग्रेजी शब्द 'लाइफबॉय' का मतलब है– 'वह एयरपिलो जो पानी में डूबने से बचाए यानी जीवनरक्षक।' दुनिया के सबसे बड़े एफएमसीजी कॉरपोरेशन यूनीलिवर के लिए लाइफबॉय ने 'लाइफ सेवर' की भूमिका बखूबी निभाई है। इसकी लांचिंग के बाद ही यूनीलिवर ग्लोबल एफएमसीजी कंपनी बनी है।

135 साल पहले एक अंग्रेज किराना दुकानदार विलियम हेस्केथ बड़ी सॉप बॉर को काट–काटकर बेचते थे। मुनाफा बढ़ाने के लिए विलियम लीवर और उनके भाई जेम्स बहुत जल्दी 'सनलाइट' ब्रांड नेम से साबुन बनाने लगे। लीवर बंधुओं ने एक और प्रयोग किया। चर्बी के बजाय ऑइल व ग्लिसरीन से साबुन बनाया और 'सनसाइन' ब्रांड नेम से लांच किया। यह साबुन इतना लोकप्रिय हुआ कि सन् 1886 में लीवर बंधु हर सप्ताह 450 टन साबुन बनाते, पर मांग की पूर्ति नहीं कर पाते थे। उत्पादन बढ़ाने के लिए लीवर बंधुओं ने मर्से नदी के किनारे भूखंड खरीदा और वहां पोर्ट सनलाइट बनाया। कुछ ही सालों में वहां उन्होंने 330 एकड़ भूमि खरीद ली।

सन् 1894 में लीवर बंधुओं ने सनलाइट साबुन के अवशिष्ट (बनाने से बचे ऑइल) में रोगाणुनाशी (डिसइंफेक्टेड) कार्बोलिक एसिड के मिश्रण से हलके लाल रंग का एक नया साबुन बनाया और उसका नामकरण किया- 'लाइफबॉय'।

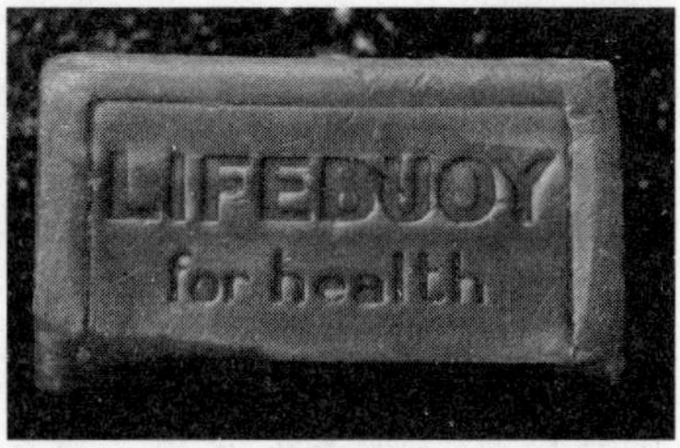

18वीं सदी में ही औद्योगिक क्रांति हुई। लंकाशायर (यूके) में उन दिनों गंदी बस्तियों में रहने वाले हजारों श्रमिक टायफाइड, डिसेंट्री और पीला बुखार से परेशान थे। सुधारवादी लोग सरकार पर दबाव डाल रहे थे कि श्रमिक परिवारों को 'हायजिन एजुकेशन' मिलना चाहिए। लीवर बंधुओं ने इसका बीड़ा उठाया। हालांकि, उनका 'हिडन एजेंडा' था फिनोल से बने लाइफबॉय साबुन को लोकप्रिय बनाना। लाभदायक परोपकार का मंत्र यहीं से यूनीलिवर को मिला, जिसने यूनीलिवर व लाइफबॉय को कई बार मार्केट के झटकों से बचाया है।

सन् 1895 में लीवर बंधु अमेरिका में एक छोटा दफ्तर खोलकर सनलाइट व लाइफबॉय सोप बेचने लगे। तीन साल बाद उन्होंने कैम्ब्रिज मैसाचुसेट्स में साबुन बनाने की छोटी फैक्टरी लगाई। सन् 1929 में लीवर ब्रदर्स अमेरिका की तीसरी बड़ी साबुन निर्माता कंपनी बन गई।

भारत में लाइफबॉय

सन् 1935 में हमारे देश में महामारी की तरह प्लेग का प्रकोप फैला हुआ था। उन दिनों विज्ञापनों का सहज, सस्ता व प्रभावी तरीका था- वॉल पेंटिंग। लीवर ब्रदर्स ने रोगाणुनाशक साबुन के रूप में यहां लाइफबॉय लांच किया तो प्लेग से

सहमे निर्धन परिवारों ने इसे खुले दिल से अपनाया। लीवर ब्रदर्स ने शहरी मार्केट के साथ देश के ग्रामीण अंचल पर ज्यादा ध्यान दिया। याद करें वे पुराने विज्ञापन जिसमें रोड ढाबे पर बनी होदी पर ट्रक ड्राइवर प्रसन्न मुद्रा में लाल साबुन से नहाते हुए दिखाया गया। इस विज्ञापन की पंच लाइन "तंदुरुस्ती की रक्षा करता है लाइफबॉय" लोग आज तक नहीं भूले हैं। मैसूर सेंडल, मार्गो नीम, हमाम व सिंथाल ने लीवर के ब्यूटी सोप लक्स को अवश्य छकाया, पर हेल्थ सोप लाइफबॉय विजेता बना रहा।

सन् 1991 के बाद उदारीकरण ने भारतीय मार्केट पर लाइफबॉय की पकड़ ढीली की तो हिंदुस्तान यूनीलिवर ने लाइफबॉय को रीलांच किया। सन् 2000 के बाद कार्बोलिक हार्ड साबुन की पहचान लाइफबॉय के लिए बोझ बन गई थी। इससे पीछा छुड़ाने के लिए लीवर ने लाइफबॉय को पूरे परिवार के बाथिंग बॉर के नए अवतार में लांच किया। लाइफबॉय स्ट्रांग, फ्रेश, गोल्ड व नेचर प्लस खुशबूदार हो गए। रोगाणुनाशक होने के साथ लाइफबॉय ऐसा ब्यूटी सोप बना, जो जर्म्स (कीटाणुओं) के साथ बदन को ऑइल व पसीने से मुक्त करे। यही

नहीं, ''मुलतानी मिट्टी, नीम व तुलसी युक्त है'' इस पंच लाइन के साथ लाइफबॉय को सॉफ्ट पिंक पैकेजिंग में भी लांच किया गया। लाइफबॉय को पॉवर ब्रांड का दर्जा देते हुए लाइफबॉय लिक्विड हैंडवॉश को इस पहचान के साथ लांच किया गया कि ये हाथों को इन्फेक्शन से बचाएंगे। इसके तीन वर्जन- एक्टिव केअर, जेंटल केअर व हर्बल केअर मार्केट में आए। लाइफबॉय शैम्पू के भी तीन वर्जन- प्रोटीन हेल्थ, हर्बल हेल्थ और एंटी डेंड्रफ शैम्पू लीवर ने लांच किए। लाइफबॉय टेल्कम पावडर भी लांच किया गया।

पैतृक कंपनी के लाभप्रद परोपकार के मंत्र का हिंदुस्तान यूनीलिवर ने भी बेहद चतुराई से उपयोग किया है। सन् 2004 में सुनामी के समय एशिया में राहत कैम्पों में लाइफबॉय वितरित किए। सन् 2005 में भारत-पाकिस्तान में भूकंप आया तो यूनिसेफ के जरिए पीड़ितों को 2 लाख लाइफबॉय बार वितरित की। सन् 2008 में यूनाइटेड नेशन के साथ 23 देशों में 'ग्लोबल हैंडवाशिंग डे' सेलिब्रेट किया। भारत में लीवर ने 'हेल्दी हिंदुस्तान' अभियान भी चलाया। ग्रामीण क्षेत्रों खासकर वहां के स्कूली छात्रों को समझाया गया कि कीटाणुनाशक साबुन से हाथ धोने के बाद भोजन करने, सोने या हाथ मिलाने से हम कई रोगों से बचते हैं और लाइफबॉय यही करता है।

लाइफबॉय बॉथ सोप, लिक्विड हैंडवॉश, हैंड सेनिटाइजर या टेल्कम को हिंदुस्तान लीवर "यू विल बी हेल्दी इफ यू यूज लाइफबॉय" पंच लाइन के साथ प्रमोट करते हुए ग्राहकों से सीधे सवाल पूछता है– 'आज लाइफबॉय से नहाया क्या?' इस सोची–समझी ब्रांडिंग का सुफल है कि हमारे देश में 50 लाख से ज्यादा रिटेलर्स लाइफबॉय ब्रांडेड उत्पाद बेच रहे हैं।

दुनिया खासकर विकासशील देशों में सबसे ज्यादा बिकनेवाला जर्म प्रोटेक्शन लाइफबॉय 135 साल बाद भी चिर युवा ब्रांड बना हुआ है तो इसका प्रमुख कारण है– 'ग्राहकों से सीधे संवाद व बेहद किफायती मूल्य।'

सही मायने में स्वदेशी ब्रांड

Brighter Living

गोदरेज–1897

3000 रुपए की सीड कैपिटल से अर्देसिरजी ने गोदरेज ग्रुप की स्थापना की और बनाए कैंची, चिमटी जैसे छोटे-छोटे सर्जिकल उपकरण। वे इन्हें 'मेड इन इंडिया' स्टेम्प के साथ बेचना चाहते थे, पर तब (सन् 1897) चिकित्सकों ने भारत में निर्मित सर्जिकल उपकरणों को यह कहते हुए नकार दिया कि 'मेड इन इंडिया' है। अर्देसिरजी गोदरेज को वकालत की तरह यह वेंचर भी लॉक करना पड़ा। अर्देसिरजी गोदरेज ने बेहतर ताले बनाने का निर्णय लिया और जन्मा 'गोदरेज समूह'।

अर्देसिरजी गोदरेज

1860-70 में रईस पारसी बुरजोरजी और उनके पिता सोराबजी गुथेराजी ने बॉम्बे (अब मुंबई) के रियल एस्टेट उद्योग में खूब 'नाम और नामा' कमाया। सन् 1871 में गोदरेज परिवार के इन पितृपुरुषों ने अपना सरनेम गुथेराजी को बदला- 'गोदरेज'।

बुरजोरजी गोदरेज के पुत्रों अर्देसिरजी व पिरोजसा ने गोदरेज समूह की विधिवत् स्थापना की। अर्देसिरजी गोदरेज 'ड्रीमर' थे तो उनके छोटे भाई पिरोजसा 'डूअर'। अर्देसिरजी ने लॉक, सेफ व वेजीटेबल ऑइल से साबुन बनाकर गोदरेज ब्रांड को जन-जन तक पहुंचाया तो पिरोजसा ने गोदरेज ग्रुप को विभिन्न उद्योग क्षेत्रों में स्थापित किया।

गोदरेज परिवार लो-प्रोफाइल है और पारसी समुदाय के संस्कारों व नैतिक व्यापार-व्यवहार का कट्टर पक्षधर। सौ साल से ज्यादा पुराने गोदरेज ब्रांड की यही पहचान है और है यही प्रतिष्ठा।

अर्देसिरजी गोदरेज ने कानून पढ़ा था। कहते हैं कि अपने पक्षकार की वे झूठी पैरवी ना कर पाए तो उन्होंने वकालत ही छोड़ दी। सन् 1897 में अपने पिता के मित्र मेरवानजी मुंचेरजी कामा से उन्होंने 3000 रुपए का कर्ज मांगा। मुंचेरजी बोले- 'कर्ज क्यों ले रहे हो, पिता से ले लो।' अर्देसिरजी ने जवाब दिया- 'वे कर्ज नहीं देंगे, उपहार में रुपए दे देंगे, जो मुझे स्वीकार नहीं है।' मुंचेरजी से प्राप्त 3000 रुपए की सीड कैपिटल से अर्देसिरजी ने 'गोदरेज ग्रुप' की स्थापना की और बनाए कैंची, चिमटी जैसे छोटे-छोटे सर्जिकल उपकरण। वे इन्हें 'मेड इन इंडिया' स्टेम्प के साथ बेचना चाहते थे, पर तब (सन् 1897) चिकित्सकों ने भारत में निर्मित सर्जिकल उपकरणों को यह कहते हुए नकार दिया कि 'मेड

इन इंडिया' है। अर्देसिरजी गोदरेज को वकालत की तरह यह वेंचर भी लॉक करना पड़ा।

अर्देसिरजी गोदरेज ने उन्हीं दिनों समाचार-पत्रों में पुलिस कमिश्नर की सलाह पढ़ी- 'केवल पुलिस के भरोसे ना रहें, अपने घर-दफ्तर की सुरक्षा पर खुद भी ध्यान दें।' उन दिनों हमारे देश में साधारण लॉक बनते थे, जिन्हें आसानी से खोला या तोड़ा जा सकता था। अर्देसिरजी ने बेहतर ताले बनाने का निर्णय लिया और एक बार फिर मेरवानजी

कामाजी के पास पहुंच गए। उन्होंने कहा- 'मैं आपका कर्ज तो नहीं चुका पाया, पर और कर्ज चाहता हूं। इस बार मैं लॉक बनाऊंगा।' कामाजी ने पूछा- 'पारसी समाज में कोई ताले नहीं बनाता।' अर्देसिरजी ने कहा- 'मैं बनाऊंगा और मजबूत ताले बनाऊंगा।' कामाजी ने उनकी दृढ़ता देख कर्ज दे दिया। अर्देसिरजी ने 215 वर्गफीट के शेड में ताले बनाने का कुटीर उद्योग स्थापित किया। कुशल कारीगरों द्वारा स्टीम प्रेसेस की मदद से अर्देसिरजी ने 1897 में हाई सिक्योरिटी लॉक 'एंकर' ब्रांड से लांच किए, जिसके साथ गारंटी दी 'अनपिकेबल' (जिन्हें बिना चाबी खोला ना जा सके)। इसके साथ ही उन्होंने सस्ते लॉक भी बनाए तो साथ में नोट लगा दिया- सुरक्षा की गारंटी नहीं। कुछ साल बाद ही अर्देसिरजी ने किसी दूसरी चाबी से ना खुलने वाले गारंटीड लॉक्स की तकनीक को 'गार्डियन लॉक' के नाम से पेटेंट करवाया। उनका दावा था कि इन तालों की चाबी पहले बनाई गई है, फिर ताला ताकि ये अपेक्षित सुरक्षा प्रदान करें।

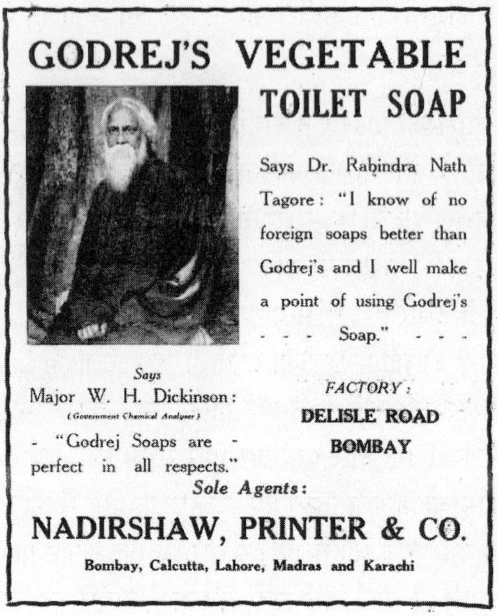

सन् 1901 में अर्देसिरजी गोदरेज ने बर्गलर व फायरप्रूफ सेफ बनाने का निर्णय लिया। एक साल के प्रयोग के बाद सन् 1902 में उन्होंने अपेक्षित गुणवत्ता व गारंटी की पहली भारतीय सेफ लांच कर दी, जिसका वजन था पौने दो टन। मई, 1908 में इस गारंटी को प्रमाणित करने के लिए उन्होंने अपनी सेफ का पब्लिक डिमांस्ट्रेशन किया, जो सफल रहा। सन् 1925 में कलकत्ता की थर्मल स्ट्रीट में भीषण आग लगी। वहां एक व्यापारी की गोदरेज सेफ फायरप्रूफ साबित हुई, तब सही मायने में अर्देसिरजी की सेफ को सुरक्षित व विश्वसनीय होने का पब्लिक इंडोर्समेंट मिला। इस बीच, सन् 1908 में अर्देसिरजी व पिरोजसा गोदरेज ने दुनिया का पहला स्प्रिंगलेस लॉक बनाया और 1909 में इसका ब्रिटिश पेटेंट अधिकार प्राप्त किया।

'जो ईमानदारी व मेहनत से कमाया, वह अपना' इस सिद्धांत पर कारोबार करने वाले अर्देसिरजी गोदरेज ने पिता से विरासत में मिली संपदा स्वीकार नहीं की तो मई, 1928 में गोदरेज ग्रुप की मालकियत व नियंत्रण भी अपने भाई पिरोजसा को हस्तांतरित कर दिया। वे सेवानिवृत्त होकर नासिक में रहने लगे। वहां उन्होंने खेती की और मॉडर्न खेती के कई प्रयोग किए। ऐसा करते हुए उन्होंने जाना कि एनिमल फेट्स से जो साबुन बन रहे हैं, उन्हें वेजीटेबल ऑइल्स से भी

बनाया जा सकता है। अर्देसिरजी गोदरेज ने यही किया और सन् 1918 में जन्मी 'गोदरेज सोप्स लिमिटेड'। गोदरेज साबुन को तब शाकाहारी भारतीयों ने खूब पसंद किया। सुरक्षित लॉक और फायरप्रूफ सेफ के बाद गोदरेज सोप्स ने गोदरेज ब्रांड को जन-जन तक पहुंचाया।

अर्देसिरजी गोदरेज की पत्नी बच्चूबाई एक अपराधी से बचने के लिए 85 मीटर ऊंचे टॉवर से कूद गई थी। विवाह के एक साल बाद पत्नी का निधन हो गया। अर्देसिरजी गोदरेज ने पुनर्विवाह नहीं किया। सन् 1936 में 68 वर्ष की उम्र में इस शुद्ध स्वदेशी उद्यमी का निधन हुआ। उनकी कोई संतान नहीं थी। गोदरेज ग्रुप के वर्तमान चेयरमेन आदि गोदरेज पिरोजसा गोदरेज के पौत्र हैं, जिन्होंने परिवार की नई पीढ़ी के साथ गोदरेज को देश का प्रतिष्ठित व विश्वसनीय ब्रांड बनाया है। पारसी संस्कारों के अनुरूप परिवार की एक और पहचान है- 'भद्रता व शालीनता तथा सामाजिक सरोकारों से गहरा नाता-रिश्ता।'

कंज्यूमर प्रोडक्ट्स, इंडस्ट्रियल इंजीनियरिंग, अप्लायंसेस, फर्निचर, सिक्योरिटी, एग्रो उत्पाद व रियल एस्टेट उद्योग का आज सबसे विश्वसनीय इंडियन ब्रांड है गोदरेज। गोदरेज समूह की प्रमुख कंपनियां हैं- गोदरेज इंडस्ट्रीज, गोदरेज कंज्यूमर प्रोडक्ट्स, गोदरेज एग्रोवेट, गोदरेज इन्फोटेक और गोदरेज प्रापर्टीज। गोदरेज परिवार की होल्डिंग कंपनी है 'गोदरेज एंड बॉयस'। 'बॉयस' नाम इसे अर्देसिरजी गोदरेज के पहले फाइनेंसर मेरवानजी मुंचेरजी कामा से मिला है। कहते हैं कि सन् 1910 में अर्देसिरजी गोदरेज पेरवानजी कामा का कर्ज सूद सहित लौटाने गए थे। वे उस समय मरणासन्न अवस्था में थे। अर्देसिरजी ने उनसे पैसे लेने का कहा तो वे बोले- 'इसका क्या करूंगा। यह ले लूंगा तो तुम्हारी सफलता में मेरे सहयोग की खुशी अवश्य खो दूंगा। इसके बदले तुम मेरे भतीजे बॉयस को नौकरी दे दो।' अर्देसिरजी बोले- 'आपका भतीजा मेरी नौकरी नहीं करेगा, वह गोदरेज समूह में भागीदार होगा।' अर्देसिरजी व पिरोजसा ने तत्काल कंपनी का नामकरण किया 'गोदरेज एंड बॉयस' मैन्यूफैक्चरिंग कंपनी।

250 अरब रुपए के सालाना टर्नओवर और 26 हजार कर्मचारियों के गोदरेज समूह के वर्तमान शीर्ष सूत्रधार हैं आदि (अर्देसिरजी) गोदरेज और पिरोजसा के दो अन्य पौत्र जमशीद गोदरेज व नादिर गोदरेज। जमशीद गोदरेज 'गोदरेज एंड बॉयस' के प्रबंध निदेशक हैं। नादिर गोदरेज 'गोदरेज इंडस्ट्रीज' के प्रबंध निदेशक व गोदरेज एग्रोवेट के चेयरमैन हैं। आदि गोदरेज की बड़ी बेटी तान्या ग्रुप की चीफ ब्रांडिंग अधिकारी होने के साथ गोदरेज इंडस्ट्रीज की डायरेक्टर व प्रेसीडेंट (मार्केटिंग) हैं। दूसरी पुत्री निशाबा गोदरेज कंज्यूमर प्रोडक्ट्स की एक्जीक्यूटिव डायरेक्टर हैं। अपने ग्रेट ग्रांड फादर का नाम 'पिरोजसा' आदि गोदरेज के इकलौते पुत्र को मिला है। वे गोदरेज प्रापर्टीज के मैनेजिंग डायरेक्टर हैं।

गोदरेज परिवार की चार पीढ़ी ने गोदरेज ब्रांड की 120 साल पुरानी पहचान–'गुणवत्ता व विश्वसनीयता' से कभी समझौता नहीं किया है। यही कारण है कि गोदरेज ब्रांड में ग्लैमर चाहे 'मिस' हो, पर इसके संस्थापक अर्देसिरजी की भारतीयता यथावत् कायम है।

PEPSI

डायजेस्टिव ड्रिंक से बना सॉफ्टड्रिंक

Have a Pepsi day

पेप्सीको-1898

सन् 1957 में दक्षिण भारतीय परिवार में जन्मी इंद्रा नूयी ने सन् 1994 में पेप्सीको को ज्वाइन किया था। सन् 2000 में सीएफओ बनने के बाद वे कंपनी के नियंत्रक मंडल में पहुंचीं। पेप्सीको में उनकी उपलब्धि है- 'दूसरों की लाइन इरेस ना करना और अपनी लाइन बड़ी करना।' कोकाकोला जहां आज भी कार्बोनेटेड सॉफ्ट ड्रिंक्स पर निर्भर है, वहीं पेप्सीको के हर आय व आयु वर्ग के लिए 150 से ज्यादा ब्रांड्स हैं- फन फॉर यू (पेप्सी, लेज, रफेल्स), बेटर फॉर यू (जैसे डाइट पेप्सी) और गुड फॉर यू (ट्रॉपिकाना, एक्वाकीना आदि)।

कालेब डेविस ब्रॉडम

सन् 1965 में डोनाल्ड (डॉन) केंडाल और हरमन ले ने पेप्सीको की स्थापना की, पर पेप्सी ब्रांड के जनक हैं कालेब डेविस ब्राडम। सन् 1893 में उन्होंने एक हेल्दी डायजेस्टिव सायरप बनाया, जिसका लोगों ने नामकरण किया 'ब्राडम ड्रिंक्स'। सन् 1898 में ब्राड्म ने इसे पेप्सी कोला ब्रांडनेम से 6 औंस की बॉटल में लांच किया।

सवा सौ से ज्यादा ब्रांड्स की पेप्सी फैमिली के 22 आयकोनिक ब्रांड्स आज सालाना बिलियन डॉलर का कारोबार कर रहे हैं। इस ब्रांड फैमिली की ऑनर बहुराष्ट्रीय फूड्स एंड ब्रेवरेज कंपनी पेप्सीको का सालाना टर्नओवर 66 अरब डॉलर (करीब 4000 अरब रुपए) से ज्यादा हो गया है। पेप्सीको की चार इकाइयां– पेप्सीको अमेरिकन फूड्स, पेप्सीको अमेरिकन बेवरेजेस, पेप्सीको यूरोप और पेप्सीको एशिया लगभग 3 लाख लोगों को रोजगार दे रही हैं।

27 मई, 1867 को चिंक्वापिन (कारोलिन, यूएसए) में जन्मे कालेब डेविस ब्राडम डॉक्टर बनना चाहते थे। यूनिवर्सिटी ऑफ नार्थ कारोलिना से स्नातक डिग्री प्राप्त करने के बाद उन्होंने यूनिवर्सिटी ऑफ मेरीलैंड स्कूल ऑफ मेडिसिन में दाखिला लिया। ब्राडम ने पढ़ाई का खर्च जुटाने के लिए एक दवा दुकान में नौकरी भी की। दुर्भाग्य से उनके पिता दिवालिया हो गए तो पढ़ाई अधूरी छोड़कर उन्हें गृहनगर लौटना पड़ा। यहां वे एक स्कूल में अध्यापक हो गए, पर नौकरी उन्हें रास नहीं आई। एक साल बाद ब्राडम ने न्यूबर्न की पोलाक स्ट्रीट में एक दवा दुकान खोली। उन दिनों दवा दुकानों पर सोडा फाउंटेन भी होता था। अपनी दुकान पर भीड़ जुटाने के लिए ब्राडम ने कोला नट एक्सट्रेक्ट, वेनीला व रेयर ऑइल (हेयर थैरोपी जैसी चिकित्सा में उपयोगी) के मिक्स से

एक सॉफ्ट ड्रिंक बनाया। वे इसे डायजेस्टिव मानते थे, इसलिए अपने ड्रग स्टोर से उन्होंने इसे सायरप की तरह बेचना शुरू किया। लोगों ने इसे पसंद किया और नामकरण किया 'ब्राडम ड्रिंक्स' – यही आज का विश्वप्रसिद्ध साफ्ट ड्रिंक 'पेप्सीको' है।

28 अगस्त, 1898 को ब्राडम ने अपने सायरप का पेप्सी व कोला के योग से नामकरण किया 'पेप्सी कोला'। 24 दिसंबर, 1902 को उन्होंने इसी नाम से कंपनी बनाई। अब तक वे अपने ड्रग स्टोर के पिछवाड़े में खुद ही यह ड्रिंक्स बनाते थे। 16 जून, 1903 को उन्होंने पेप्सी कोला का ट्रेडमार्क प्राप्त किया और एक किराए के शेड में पेप्सी कोला बनाने लगे। उनके एक पड़ोसी आर्टिस्ट ने पेप्सी कोला का लोगो बनाया और पारिश्रमिक स्वरूप प्राप्त किए पेप्सी कोला कंपनी के 97 शेयर। पहले साल ऊर्जा व उत्साहवर्द्धक पाचक पेय के दावे के साथ उन्होंने 7968 गैलन पेप्सी कोला बेची।

सन् 1905 में ब्राडम ने सायरप के बजाय 6 औंस की बॉटल में (आज की तरह) पेप्सी कोला को लांच किया। कम पूंजी में मेन्यूफेक्चरिंग व बिक्री बढ़ाने के लिए उन्होंने कांट्रैक्ट मेन्यूफेक्चरिंग शुरू की। सन् 1905 में दो फ्रेंचाइजी पेप्सी कोला की बॉटलिंग करने लगे। सन् 1907 में सालाना एक लाख गैलन पेप्सी कोला बिकने लगी। सन् 1910 में 250 से ज्यादा फ्रेंचाइजी पेप्सी कोला की कांट्रैक्ट मेन्यूफेक्चरिंग करने लगे। इसके बाद ब्राडम न्यूबर्न में सेल्फ मेड विजनरी उद्यमी के रूप में मशहूर हो गए।

आज से 110 साल पहले पेप्सी कोला के संस्थापक प्रेसीडेंट ब्राडम ने डिलीवरी के अलावा ब्रांडिंग व प्रमोशन की जो इन्नोवेटिव पहल की, वो आज आम बात है। मसलन, पेप्सी कोला पहली अमेरिकन सॉफ्ट ड्रिंक कंपनी है, जिसने घोड़ागाड़ी के बजाय मोटर व्हीकल से रिटेलर्स को पेप्सी कोला की डिलीवरी शुरू की। 105 साल पहले ऑटोमोबाइल रेसिंग के लिए मशहूर ब्राने ओल्डफील्ड को ब्राडम ने पेप्सी कोला का ब्रांड एंबेसडर बनाया। उनके विज्ञापन की पंच लाइन थी– 'पेप्सी कोला : स्ट्रांग व हेल्दी'।

17 साल तक पेप्सी कोला तेजी से दौड़ी, जिसे प्रथम विश्वयुद्ध ने ब्रेक लगाया। युद्ध के दौरान शकर के मूल्यों में खूब उतार-चढ़ाव हुआ, जो पेप्सी कोला का प्रमुख कच्चा माल था। युद्ध पूर्व एक पौंड शकर का मूल्य था 3 सेंट जो रातों-रात हो गया 28 सेंट्स। मूल्य और बढ़ेंगे इस अनुमान के साथ ब्राडम ने शकर का बड़ा स्टॉक खरीद लिया, पर मूल्य धराशायी हो गए। ब्राडम दिवालिया हो गए।

पुरुषार्थ व भाग्य से सफलता व संपन्नता मिलती है। कर्मयोगी पुरुषार्थ पर ज्यादा भरोसा करते हैं, जबकि सफलता में भाग्य का योगदान नकारा नहीं जा सकता। यह ब्राडम का दुर्भाग्य ही था कि उनसे एक चूक हुई और उन्हें पेप्सी कोला कंपनी बेचकर ड्रग स्टोर पर लौटना पड़ा। चाहे जो हो आज की पेप्सी को उनसे ही मिली है– पेप्सी कोला की रैसिपी, फास्ट डिलीवरी, ब्रांड प्रमोशन और लुभावने विज्ञापनों का बिजनेस मंत्र। ब्राडम आज भी न्यूबर्न (कोरोलिया) में विजनरी उद्यमी के रूप में याद किए जाते हैं। वे सन् 1908 से 1934 तक जिस घर में रहे, उसे उनके निधन (1934) के बाद ऐतिहासिक भवनों की सूची में शामिल किया गया है।

31 मई, 1923 को कैंडी व सोडा फाउंडेशन की श्रृंखला संचालित करने वाली लाफ्ट कैंडी कंपनी ने पेप्सी कोला कंपनी को खरीदा। लाफ्ट कैंडी के प्रेसीडेंट चार्ल्स जी. गूथ ने सॉफ्ट ड्रिंक पेप्सी कोला को रिफॉर्म किया। एक बार तो

उन्होंने पेप्सी कोला ब्रांड कोका कोला को बेचना भी चाहा, पर उसने उनका ऑफर ठुकरा दिया। कोका कोला तब पेप्सी कोला को चुनौती ही नहीं मानता था।

1930 के बाद पेप्सी कोला को 'किचन कोला' (तब) की इमेज से मुक्त करने के कई मार्केटिंग प्रयास हुए। सन् 1934 में इसे प्रतिस्पर्द्धी से आधे मूल्य (12 औंस की बोतल 5 सेंट्स में) पर बेचा गया। सन् 1940 में इसका एड जिंगल 50 भाषाओं में ब्रॉडकास्ट हुआ। सन् 1941 में अमेरिका की द्वितीय विश्वयुद्ध में भागीदारी को ध्यान में रखकर पेप्सी कोला को लाल, सफेद व ब्लू बोतल में लांच किया गया। 'टाइम स्क्वेयर' न्यूयार्क में पेप्सी कैंटिन स्थापित किया गया, जहां से लाखों लोगों ने मोर्चे पर गए अपने परिजनों को संदेश भेजे। सन् 1943 में पंच लाइन बदली गई 'बिगर ड्रिंक बेटर टेस्ट'। सन् 1949 में 'वॉय टेक लेस देन पेप्सी' एड बना। सन् 1953 में अमेरिकन मोटापे को लेकर सचेत हुए तो पेप्सी कोला की पंच लाइन हो गई 'रिफ्रेसिंग विदाउट फिलिंग।' सन् 1958 में फैशनप्रिय युवाओं को सीधे एड्रेस किया गया- 'बी सोशल हेव ए पेप्सी', 'नाऊ इट इज पेप्सी फॉर दोज हू थिंक यंग' और 'कम अलाइव यू आर इन द पेप्सी जनरेशन'।60 के दशक में डाइट पेप्सी लांच हुई, पर पेप्सी कोला, कोका कोला का मुकाबला नहीं कर पाई और रूग्ण हो गई।

पेप्सी कोला का उद्धार करने वाले शख्स हैं द्वितीय विश्वयुद्ध के बाद पेप्सी को सेल्समैन की हैसियत से ज्वाइन करने वाले डॉन केंडाल। सन् 1963 में वे

पेप्सीको के सीईओ थे। वे जानते थे कि पेप्सी को कैसे प्रतिस्पर्द्धी बनाया जा सकता है, पर कंपनी के पास पूंजी नहीं थी। सन् 1965 में केंडाल की पोटोटो चिप्स बनाने वाली कंपनी फ्रिटो ले के चेयरमैन हरमन ले से मुलाकात हुई। केंडाल व ले के संयुक्त प्रयासों से पेप्सी कोला व फ्रिटो ले का विलयन हुआ और जन्मी 'पेप्सीको'। ले नई कंपनी के चेयरमेन बने और केंडाल सीईओ। इन दोनों को 'पेप्सीको इंक' का संस्थापक माना जाता है।

डॉन केंडाल को युवावस्था में उनके सहयोगी 'व्हाइट फंग' (विषदंती) कहते थे। इसका कारण था- कामकाज को लेकर क्रूरता की हद तक सख्ती। दूरंदेशी मार्केटियर केंडाल ने ही पेप्सी को ग्लोबल मार्केट में प्रतिस्पर्द्धी बनाया। उनके कार्यकाल में पेप्सी ने आक्रामक विज्ञापन रणनीति अपनाई। पेप्सी जनरेशन एड पॉलिसी के तहत उन्होंने 'हेव ए पेप्सी डे, कैच द पेप्सी स्प्रिट, पेप्सी नाऊ, पेप्सी द च्वाइज ऑफ ए न्यू जनरेशन' एड श्रृंखला लांच की। हॉलीवुड, खेल जगत व कार रेसिंग के सेलिब्रिटीज ने पेप्सी ब्रांड को प्रमोट किया। ऐसी आक्रामक ब्रांडिंग ने कोका कोला की नींद उड़ा दी। इन दोनों कंपनियों के बीच सतत् जारी तीखी व तीव्र प्रतिस्पर्द्धा ने सॉफ्ट ड्रिंक मार्केट को 'ग्रो' किया, तो दोनों कंपनियों को भी ग्रेट बनाया।

डॉन केंडाल के बाद वेन कॉलावे (1986-96), रोजर एनरिको (1996-2000) तथा स्टीव रेनमुंड (2001-06) पेप्सीको के चेयरमेन बने। सन् 2006 में पेप्सी की चेयरमेन बनी भारतीय महिला 'इंद्रा नूयी'। सन् 1957 में दक्षिण भारतीय परिवार में जन्मी इंद्रा नूयी ने सन् 1994 में पेप्सीको को ज्वाइन किया

था। सन् 2000 में सीएफओ बनने के बाद वे कंपनी के नियंत्रक मंडल में पहुंचीं। वहां उनकी सलाह पर पेप्सीको ने पिज्जा हट, केएफसी, टेको बेल जैसे रिटेल बिजनेस को बंद किया। ट्रॉपीकाना ज्यूसेस, क्वेकर ओट्स को खरीदा। पेप्सीको ने स्पोर्ट्स ड्रिंक मार्केट में इंट्री ली। पेप्सीको की विश्वव्यापी बॉटलिंग इकाइयों का पुनर्गठन किया। इंद्रा नूयी की सबसे बड़ी उपलब्धि है– 'दूसरों की लाइन इरेस करने के बजाय अपनी लाइन बड़ी करना।' सन् 2005 में पहली बार मार्केट वैल्यू के आधार पर पेप्सीको ने कोका कोला को पछाड़ा। सन् 2009 में हालात फिर उलटे तो इंद्रा नूयी ने इस प्रतिस्पर्द्धा को ही विराम लगा दिया। कोका कोला जहां आज भी कार्बोनेटेड सॉफ्ट ड्रिंक्स पर निर्भर है, वहीं पेप्सीको अन्य उत्पादों से ज्यादा कमाई कर रहा है। पेप्सीको के हर आय व आयु वर्ग के परिवारों के लिए 150 से ज्यादा ब्रांड्स हैं, जो तीन श्रेणियों में बंटे हुए हैं फन फॉर यू (पेप्सी, लेज, रफेल्स), बेटर फॉर यू (जैसे डाइट पेप्सी) और गुड फॉर यू (ट्रॉपिकाना, एक्वाफीना आदि)।

पेप्सीको इंडिया

पेप्सी ब्रांड सन् 1989 में भारत आया था और आक्रामक मार्केटिंग के जरिए तेजी से देश का बड़ा फूड एवं ब्रेवरेज ब्रांड बन गया। यहां कंपनी के 38 बेवरेजेस व 3 फूड प्लांट्स हैं।

भारत में पेप्सीको के सिरमौर ब्रांड हैं– पेप्सी, लेज, कुरकुरे, ट्रॉपिकाना, गेटोरडे

और क्विकर। ओट्स, ट्रॉपिकाना ज्यूस, ट्रॉपिकाना फ्रूट पावडर, रिहायड्रेट्ड गेटोरेड, टाटा वाटर प्लस, लेज बैक्ड, क्वेकर फ्लेवर्ड ओट्स, क्वेकर न्यूट्री उपमा और न्यूट्री पोहा पेप्सीको के हेल्दी प्रोडक्ट्स हैं।

पेप्सीको ने भारत में 24 हजार से ज्यादा छोटे किसानों को भागीदार बनाकर उनकी आय भी बढ़ाई है तो 2 लाख से ज्यादा लोगों को यहां प्रत्यक्ष या अप्रत्यक्ष रोजगार भी उपलब्ध करवाया है।

Advertising is a form of making communication used to promote or sell something, usually a business's product or service. Advertising by a government in favor of its own policies is often called propaganda. The purpose of advertising may also be to reassure employees or shareholders that a company is viable or successful. Advertising messages are usually paid for by sponsors and viewed via various media such as newspapers, magazines, television, Radio, Outdoor advertising or direct mail or new media like blogs, websites or text messages.

MOTOR HARLEY-DAVIDSON COMPANY®

Build your Bike. Build your freedom

हार्ले डेविडसन–1903

विलियम एस. हार्ले/ऑर्थर डेविडसन

अमेरिका–मैक्सिको बॉर्डर वॉर (1910–19) के दौरान साइड कार वाली हार्ले डेविडसन बाइक ने मशीनगनें मोर्चे पर पहुंचाईं। इसके पहले टैंक या रफ–टफ हैवी ट्रक या कवर्ड जीपों को ही फौज के लिए उपयुक्त माना जाता था। इस मोटर साइकिल ने मोर्चे पर तेजी से संदेश, मशीनगन जैसे हथियार या घायल सैनिकों को अस्पताल पहुंचाने के लिए फौज में इंट्री ली। अमेरिका–मैक्सिको बॉर्डर वॉर के बाद हार्ले डेविडसन के लिए प्रथम विश्वयुद्ध बड़ा मौका साबित हुआ।

अमेरिका–मैक्सिको बॉर्डर वार (1910–19) में हार्ले डेविडसन बाइक ने मोर्चे पर मशीनगनें पहुंचाईं। साइड कार वाली यह बाइक अमेरिकन फौज को इतनी पसंद आई कि प्रथम विश्वयुद्ध के दौरान हार्ले डेविडसन बाइक ने मोर्चे पर संदेश तो घायल सैनिकों को अस्पताल भी पहुंचाया। युद्ध विराम के बाद हार्ले डेविडसन बाइक की सवारी करते हुए पहले अमेरिकन फौजी ने जर्मनी में प्रवेश किया। सन् 1920 में यह बाइक 67 देशों में पहुंच गई और हार्ले डेविडसन बन गया दुनिया का सबसे बड़ा बाइक ब्रांड।

द्वितीय विश्वयुद्ध (1941–43) के दौरान भी अमेरिकन फौज के लिए ही हार्ले डेविडसन ने 90 हजार बाइक बनाई। दोनों विश्वयुद्ध में रफ–टफ ड्राइव करते हुए हॉट मोर्चों पर पहुंचने के कारण हार्ले डेविडसन की पहचान बनी– 'अपने ऑनर जैसी आक्रामक एडवेंचर बाइक।'

113 साल पुरानी हार्ले डेविडसन मोटर कंपनी यूएसए के संस्थापक हैं विलियम एस. हार्ले और ऑर्थर डेविडसन। 1901 में मिलवॉकी (विस्कोन्सिन) में जन्मे विलियम एस. हार्ले ने 21 वर्ष की उम्र में चार इंच के फ्लाई व्हील के साथ ऐसा छोटा इंजन (116 सीसी) बनाया, जो पेडल साइकिल में फिट हो सके। इस इंजन की मदद से अपनी बाइसिकल को पेडलिंग के झंझट से मुक्त करने में उन्हें दो साल लग गए। इस जुगाड़ में उनके मददगार थे बालसखा ऑर्थर डेविडसन और उनके भाई वॉल्टर डेविडसन। सन् 1903 में हार्ले और डेविडसन की पॉवर साइकिल सड़क पर तो दौड़ पड़ी, पर यह मिलवॉकी की साधारण पहाड़ी भी नहीं चढ़ पाई। जिद्दी स्वभाव के हार्ले ने हार नहीं मानी। 9.5 इंच के फ्लाय

व्हील्स और पहले से चार गुना शक्तिशाली इंजन (405 सीसी) के साथ उन्होंने फिर कोशिश की। हार्ले व डेविडसन की वर्कशॉप बनी घर के पिछवाड़े का 150 वर्गफीट का छोटा-सा वुडन शेड। इस बार उनकी पॉवर बाइक पहाड़ी के शिखर पर पहुंच गई तो हार्ले और डेविडसन ने इसकी कमर्शियल मेन्यूफेक्चरिंग शुरू की। वुडन शेड में ही बनी उनकी तीन बाइक को शिकागो के कार्ल एस. बेग ने सबसे पहले बेचा तो हार्ले डेविडसन ने उन्हें अपना डीलर नियुक्त कर दिया।

सन् 1905 में हार्ले डेविडसन ने जुनौ एवेन्यू की चेस्टनट स्ट्रीट में 2400 वर्गफीट के भूखंड पर बाइक मेन्यूफेक्चरिंग फैक्टरी स्थापित की (यहीं आज हार्ले डेविडसन का छह मंजिला भव्य मुख्यालय है) और पहले साल 50 मोटर साइकिलें बनाई। इसी साल दुनिया का पहला मोटर साइकिल केटलॉग भी लांच किया।

सन् 1907 हार्ले और डेविडसन के लिए कई उपहार लेकर आया। विलियम एस. हार्ले ने मैकेनिकल इंजीनियर की डिग्री प्राप्त की। इसी साल हार्ले व डेविडसन ने कंपनी का विधिवत् नामकरण किया- 'हार्ले डेविडसन।' सन् 1907 में ही कंपनी ने शिकागो ऑटोमोबाइल शो में 45 डिग्री वी-ट्विन इंजन वाली बाइक पेश की। सन् 1907 से ही डेट्राइट के पुलिस विभाग ने हार्ले और डेविडसन की बाइक खरीदना शुरू किया। सन् 1910 में हार्ले और डेविडसन ने

'बार एंड शील्ड' लोगो (ट्रेडमार्क) लांच किया, जो आज भी हार्ले ब्रांड की पहचान बना हुआ है।

अमेरिका-मैक्सिको बॉर्डर वॉर के दौरान साइड कार वाली हार्ले डेविडसन बाइक ने मशीनगनें मोर्चे पर पहुंचाईं। इसके पहले टैंक या रफ-टफ हैवी ट्रक या कवर्ड जीपों को ही फौज के लिए उपयुक्त माना जाता था। पूरी तरह से एक्सपोज्ड होने के बावजूद इस मोटरसाइकिल ने मोर्चे पर तेजी से संदेश, मशीनगन जैसे हथियार या घायल सैनिकों को अस्पताल पहुंचाने के लिए फौज में इंट्री ली। अमेरिका-मैक्सिको बॉर्डर वॉर के बाद हार्ले डेविडसन के लिए प्रथम विश्वयुद्ध बड़ा मौका साबित हुआ। सन् 1917 में अमेरिका महायुद्ध में शामिल हुआ तो अमेरिकन सरकार ने हार्ले डेविडसन की एक-तिहाई बाइक्स खरीद ली। युद्धविराम के बाद हार्ले बाइक की सवारी करते हुए ही पहले अमेरिकन फौजी ने जर्मनी में प्रवेश किया था। सन् 1920 में हार्ले बाइक्स दुनिया के 67 देशों में पहुंच गई और हार्ले बन गया दुनिया का सबसे बड़ा बाइक ब्रांड। सन् 1941 में अमेरिका ने पूरे दमखम के साथ द्वितीय विश्वयुद्ध का नेतृत्व संभाला। हार्ले डेविडसन ने एक बार फिर चार साल (1941-45) तक केवल

फौज के लिए ही मोटरसाइकिलें बनाईं।

पुलिस व फौज की पसंदीदा हार्ले ब्रांड शक्तिशाली मोटरसाइकिलों को फ्रेम, इंजन, सस्पेंशन के कारण छह मॉडल फैमिलीज में बांटा गया है। टूरिंग श्रृंखला में है- रोड किंग, रोड ग्लाइड, स्ट्रीट ग्लाइड और इलेक्ट्रा ग्लाइड मोटर साईकिल्स। इनकी खूबी है बिग-ट्विन इंजन, बड़े टेलीस्कोपिक फोर्क्स (Forks), बड़ा विंडशील्ड, रियर कॉइल एयर सस्पेंशन, क्रू रेडियो और रेट्रोक्रूसर लुक। सॉफ्टेल हार्ले बाइक फैमिली की पहचान है हैरीटेज स्टाइल के साथ 21 इंच व्हील व स्प्रिंगर फ्रंट एंड्स। 1980 व 90 के दशक की डायना बाइक श्रृंखला में 88 क्यूबिक इंच (1440 सीसी) ट्विन कैम लगाई गई थी, जिसे 2007 में 96 क्यूबिक इंच (1570 सीसी) में बदला गया। 2012 में इसे एक बार फिर 103 क्यूबिक इंच (1690 सीसी) में अपग्रेड किया गया। वीआरएससी (वी-रॉड) जापान व अमेरिका की पॉवर क्रूसर शक्तिशाली बाइक से मुकाबला करने के लिए लांच की गई थी, जिसमें है ओवरहेड कैम्स और लिक्विड कूलिंग। सन् 1957 में लांच की गई स्पोर्टस्टार श्रृंखला ने डर्ट फ्लैट ट्रेक रेसेस में खूब नाम कमाया। ड्रेग रेसिंग में तेजी से दौड़ने के लिए वीआरएक्सएसई बाइक्स लांच की गई थी। स्ट्रीट लीगल बाइक ना होने से वी-रॉड ड्रिस्टायर पर 'एससी' की जगह 'एक्स' मार्का लगाया गया था। हार्ले डेविडसन की लेटेस्ट पेशकश है स्ट्रीट, जिन्हें हल्की बाइक चाहने वाले युवा राइडर्स के लिए डिजाइन किया गया है। इसे मार्च, 2014 में भारत में लांच किया गया है।

हार्ले या 'एचडी' के संक्षेप नाम से सारी दुनिया में मशहूर हार्ले डेविडसन बाइक्स की ब्रांडिंग का तरीका भी सबसे अलग है। हार्ले बाइक ऑनर्स क्लब के सदस्यों को एक्सक्लूसिव इवेंट्स जैसे बूट कैम्प, इनीसिएशन सेरेमनी, बाइक नाइट्स, रॉक राइडर्स सीजन्स, रॉक शोज, फूड फिएस्टा व रेसेस में आमंत्रित किया जाता है। ऐसे मर्चेंडाइज इवेंट्स का हिडन एजेंडा है- हार्ले बाइकर्स को यह अहसास करवाना कि वे दुनिया की एडवेंचर्स लीजर बाइक के मालिक हैं।

हार्ले ब्रांड को जीवनशैली का हिस्सा बनाने और ब्रांड के प्रति लॉयल्टी को पुख्ता करने के लिए कंपनी ने बाइकर क्लब, वन पर्सेंटर्स, फैमिली रीयूनियन जैसे ऑनर्स क्लब भी बनाए हैं। कंपनी की 90वीं वर्षगांठ पर 1 लाख हार्ले बाइक्स ऑनर्स ने, 95वीं वर्षगांठ पर 1.40 लाख ऑनर्स ने और सन् 2003 में सौवीं वर्षगांठ पर ढाई लाख हार्ले बाइक ऑनर्स ने मिलवॉकी में आयोजित परेड में हिस्सा लिया था। सन् 2013 में पहली बार गोवा में आयोजित 5 दिवसीय इवेंट्स में 2000 से ज्यादा भारतीय हार्ले बाइकर्स परिवार सहित आमंत्रित किए गए थे। हार्ले डेविडसन के चार मेन्यूफेक्चरिंग प्लांट्स पर भी पर्यटकों का दिल खोलकर स्वागत किया जाता है। सन् 2008 में स्थापित हार्ले डेविडसन म्यूजियम में कंपनी के इतिहास, कार्य संस्कृति और वाहनों को प्रदर्शित किया गया है।

भारत में हार्ले

सन् 2009 में हार्ले डेविडसन बाइक्स भारत में आ गई थीं, पर उन पर शत-प्रतिशत आयात कर चुकाना पड़ता था। पहले ही साल भारत में दुनिया की

सबसे महंगी 200 हार्ले बाइक्स बिकीं तो पैतृक कंपनी ने यहां सहायक कंपनी 'हार्ले डेविडसन इंडिया' का गठन किया। इसके बाद हरियाणा में असेंबली प्लांट स्थापित किया, जो (तब) कंपनी का एशिया में भी पहला संयंत्र था। इस पहल ने भारत में हार्ले बाइक की कीमत 25 फीसदी घटा दी। अब भारत में हार्ले के 12 मॉडल 5.60 लाख रुपए से 24.56 लाख रुपए प्राइस रेंज में उपलब्ध हैं। मजेदार बात यह कि हार्ले बाइक्स की देश के टायर-टू शहरों में मांग बढ़ रही है, यानी देश के छोटे शहरों में भी एडवेंचर्स प्रेमी युवा हैं, जो हार्ले डेविडसन ही पसंद करते हैं।

Commercial ads seek to generate increased consumption of their products or services through "branding," which associates a product name or image with certain qualities in the minds of consumers. Non-commercial advertisers who spend money to advertise items other than a consumer product or service include political parties, interest groups, religious organizations and governmental agencies.

Make your mark !

Back in 1770, breadcrumbs were the proffered means to erase pencil marks. Until an English engineer Edward Naime developed eraser. Once while working, he accidentally picked a piece of rubber instead of the lump of bread and put it to good use. Naime rubbed his way into history by helping us erase mistake easily.

Have you made your mark yet ?

THINK AGAIN !

ROLEX

स्टेटस का प्रतीक

This watch has seen relentless drive. And a curiosity that never rests.

रोलेक्स–1905

सन् 1908 में विल्सडोर्फ ने ब्रांडनेम चुना 'रोलेक्स'। इस चयन का कारण था- रोलेक्स उच्चारण की ध्वनि जो मूवमेंट का अहसास करवाती थी, जिसे किसी भी भाषा में बिना बदलाव दोहराया जा सकता था और यह नाम इतना छोटा भी था कि घड़ी के डायल्स पर आसानी से अंकित किया जा सके। सन् 1910 व 1914 में विल्सडोर्फ की इस पहल को पहली मान्यता मिली। पहले स्विट्जरलैंड में रोलेक्स वॉच को क्रोनोमीटर (कालमापक) का प्रमाण-पत्र मिला तो क्यू-वेधशाला ने रोलेक्स घड़ी के मूवमेंट्स को सटीकता प्रमाण-पत्र दिया।

हन्स विल्सफोर्ड

ओल्ड अंग्रेजी के शब्द 'वोईसी' (Woecee) यानी वॉचमैन से जन्मा है शब्द 'वॉच'। 500 साल पहले महिलाओं का पेडेंट होती थी घड़ियां। पुरुष तब केवल पॉकेट वॉच वापरते थे। 18वीं सदी में फौजियों ने सबसे पहले कलई घड़ी पहनी तो खंदक में तैनात सैनिकों के लिए चमकदार डायल्स व अनब्रेकेबल ग्लास वाली सर्विस वॉचेस बनने लगीं, जो आज आम बात है। इसके बाद रिस्ट वॉचेस को महंगी ज्वेलरी से फैशनेबल और उपयोगी एसेसरी बनाने में 'रोलेक्स' ने अहम् भूमिका निभाई है। रोलेक्स के संस्थापक हंस विल्सडोर्फ ने अपने उत्पादों को भी अभिनव अंदाज में प्रमोट किया। मसलन, द्वितीय विश्वयुद्ध (1939–1945) के दौरान ब्रिटेन की हवाई सेना के जिन पायलेट्स की घड़ियां युद्ध शिविर में जब्त कर ली गई थीं, उन्हें बिना मूल्य, बिना शर्त महंगी रोलेक्स घड़ियां भेंट की। अंतरिक्ष यात्रियों को रोलेक्स घड़ियां उपलब्ध करवाई तो जेम्स बांड सीरीज के हीरो को भी रोलेक्स घड़ियां पहनाईं। ऐसे दिलचस्प प्रोडक्ट प्रमोशन ने दुनिया खासकर यूएस, यूके व यूरोप के रईसों में रोलेक्स वॉच को रुतबे का प्रतीक बना दिया।

सन् 1881 में जर्मनी के बोवारिया राज्य के एक छोटे-से गांव कुलम्बच में जन्मे थे हंस विल्सडोर्फ। 12 साल की उम्र में वे अनाथ हो गए। स्विट्जरलैंड के एक बोर्डिंग स्कूल में उन्होंने शिक्षा प्राप्त की। पहली नौकरी उन्हें एक पर्ल इम्पोर्टर फर्म में मिली। इसके बाद उनके एक सहपाठी ने उन्हें अपने पिता की घड़ी निर्यातक फर्म में क्लर्क की साधारण नौकरी दिलवा दी। 19 वर्ष की उम्र में यहां विल्सडोर्फ पहली बार 'वॉच वर्ल्ड' से रूबरू हुए। वे नहीं जानते थे कि यही उनकी नियति है और वे दुनिया की सबसे महंगी घड़ी बनाने के लिए जन्मे हैं।

सन् 1903 में विल्सडोर्फ ने लंदन की एक वॉच निर्माता कंपनी को ज्वाइन किया। वॉच उद्योग के इन मैदानी अनुभवों ने विल्सडोर्फ का आत्मविश्वास इतना बढ़ा दिया कि सन् 1905 में उन्होंने अपने ब्रदर-इन-लॉ अल्फ्रेड डेविस की वित्तीय मदद से एक कंपनी बनाई- 'विल्सडोर्फ एंड डेविस'।

रोलेक्स ब्रांडनेम से मूवमेंट का अहसास

इस कंपनी ने स्विस मूवमेंट (वॉच व्हील्स) आयात किए और उन्हें बड़े जतन से मिनी बॉक्स में सहेजकर ज्वेलर्स को बेचना शुरू किया। ज्वेलर्स इस रिस्ट वॉच पर अपनी फर्म का नाम अंकित करवाकर बेचते थे। विल्सडोर्फ एंड डेविस द्वारा असेम्बल्ड इन घड़ियों के अंदर हॉलमार्क लगा होता था 'डब्ल्यू एंड डी'। महत्वाकांक्षी विल्सडोर्फ इस सिस्टम से खुश नहीं थे। वे चाहते थे कि उनके ट्रेडमार्क व ब्रांडनेम से रिस्ट वॉचेस बिकें। सन् 1908 में विल्सडोर्फ ने ब्रांडनेम चुना 'रोलेक्स'। इस चयन का कारण था- रोलेक्स उच्चारण की ध्वनि जो मूवमेंट का अहसास करवाती थी, जिसे किसी भी भाषा में बिना बदलाव दोहराया जा सकता था और यह नाम इतना छोटा भी था कि घड़ी के डायल्स पर आसानी से अंकित किया जा सके। सन् 1910 व 1914 में विल्सडोर्फ की इस पहल को पहली मान्यता मिली। पहले स्विट्जरलैंड में रोलेक्स वॉच को क्रोनोमीटर (कालमापक) का प्रमाण-पत्र मिला तो क्यू-वेधशाला ने रोलेक्स घड़ी के मूवमेंट्स को सटीकता प्रमाण-पत्र दिया। सन् 1919 में विल्सडोर्फ को

अपनी कंपनी का मुख्यालय जिनेवा (स्विट्जरलैंड) शिफ्ट करना पड़ा, क्योंकि ब्रिटिश सरकार ने सोना-चांदी पर कर और निर्यात शुल्क बढ़ा दिया था, जो तब रोलेक्स रिस्ट वॉचेस का प्रमुख कच्चा माल था।

स्टेटस का प्रतीक बना 'रोलेक्स' ब्रांडनेम

रोलेक्स वॉचेस को भरोसेमंद व गुणवत्तायुक्त बनाने के लिए भी विल्सडोर्फ को भारी मशक्कत करना पड़ी। वे चाहते थे कि वॉच-केस इतना टाइट हो कि उस पर धूल, पसीने, पानी, गर्मी व नमी का असर ना हो। विल्सडोर्फ को सन् 1926 में यह सफलता मिली और उन्होंने 'ऑइस्टर केस' का पेटेंट प्राप्त किया। इसके 5 साल बाद उन्होंने रोलेक्स स्पोर्ट्स वॉच विकसित की और सन् 1931 में ऑटो वॉचेस (बिना चाबी की घड़ी) लांच की। डे-डेट, मल्टी टाइम झोन और वाटरप्रूफ वॉचेस भी सबसे पहले रोलेक्स ने ही बनाईं। रोलेक्स ने 1960 व 1970 के दशक में क्वार्ट्स मूवमेंट विकसित करने में भी अहम् भूमिका निभाई है।

रोलेक्स घड़ियां आज तीन श्रेणियों में बिकती हैं- ऑइस्टर परपीच्यूअल, प्रोफेशनल और सेलिनी (फैशनेबल) शृंखला। आईस्टर सीरीज की ब्रेसलेट शृंखला है- जुबिली, ऑइस्टर और प्रेसीडेंट। रोलेक्स का इकॉनामिक ब्रांड है ट्यूडर, जिसे विल्सडोर्फ ने सन् 1946 में मॉस-मार्केट के लिए लांच किया था। यूरोप और एशियाई देशों में अफोर्डेबल ट्यूडर वॉचेस खूब लोकप्रिय हुई हैं। ब्रिटेन में स्टेनलेस स्टील रोलेक्स पायलट खूब लोकप्रिय है। हीरे जड़ित रोलेक्स घड़ियों की एवरेज प्राइस रेंज 3 लाख से 10 लाख रुपए है तो स्टेटस की चाह वाले रईस 50 लाख रुपए मूल्य की रोलेक्स घड़ियां भी बड़े शौक से खरीदते हैं।

सबसे ज्यादा सोना खरीदने वाली है परोपकारी रोलेक्स

रोलेक्स ब्रांड के लिए विश्वव्यापी रुतबा जुटाने के साथ हंस विल्सडोर्फ ने रोलेक्स कंपनी का भी खास स्टेटस बनाया है। सन् 1944 में अपनी पत्नी के निधन के बाद उन्होंने 'हंस विल्सडोर्फ फाउंडेशन' स्थापित किया और अपने निजी शेयर इस संगठन को ट्रांसफर करते हुए सुनिश्चित किया कि इन शेयरों की आय का बड़ा हिस्सा केवल परोपकारी कार्यों पर खर्च हो। तद्नुसार रोलेक्स का स्वामित्व एक निजी ट्रस्ट के पास है। इसके शेयरों की किसी एक्सचेंज में ट्रेडिंग नहीं होती। अपने दौर के अद्भुत उद्यमी हंस विल्सडोर्फ का 6 जुलाई, 1960 को निधन हुआ, तब उनके उत्तराधिकारी को केवल मिला है मल्टीमिलियन डॉलर टर्नओवर का फलता-फूलता बिजनेस। जी हां, स्विट्जरलैंड में सबसे ज्यादा सोना खरीदने वाली मेन्यूफेक्चरिंग कंपनियों में भी एक है रोलेक्स।

100 मूल्यवान ग्लोबल ब्रांड्स सूची में शामिल 'रोलेक्स' ऐसा अकेला और अनोखा ब्रांड है, जो हर रोज केवल 2000 लक्झरी घड़ियां बनाता है और इसके सिग्नेचर मॉडल की ग्राहक प्रतीक्षा करते हैं।

भारत में रोलेक्स

एडमंड हिलेरी व तेनजिंग नार्गे के साथ एवरेस्ट फतह करने वाली रोलेक्स ने जुलाई, 2008 में भारत में विधिवत् इंट्री ली। रोलेक्स की सहयोगी कंपनी यहां चुनिंदा महानगरों में बुटिक्स का संचालन कर रही है। रोलेक्स के कंट्री हेड एम.एच. खान का कहना है– "भारत में हमारे 22 से 65 वर्ष की उम्र के मैच्युअर्ड ग्राहक हैं, जो केवल मौज–मजे के लिए खरीद नहीं करते हैं। उन्हें रोलेक्स वॉच ही चाहिए। रोलेक्स ब्रांड के कस्टोडियन की हैसियत से हमारी ड्यूटी है, उनके विश्वास को बनाए रखना।" भारत में रोलेक्स ने एक वॉच मेकिंग स्कूल भी स्थापित किया है। इसके छात्र रोलेक्स की फैक्ट्री में वॉच मेकिंग सीखते हैं। इस स्कूल का बेच इतना छोटा होता है कि पहले बेच में कुल छह छात्र थे।

भारत में 2 लाख रुपए से एक करोड़ रुपए मूल्य की रोलेक्स घड़ियां बिकती हैं। यहां बिकने वाली रोलेक्स घड़ियों का औसत मूल्य 4 लाख रुपए है।

Umbrella branding (also known as family branding) is a marketing practice involving the use of a single brand name for the sale of two or more related products. Umbrella branding is mainly used by companies with a positive brand equity. All products use the same means of identification and lack additional brand names or symbols. This marketing practice differs from brand extension in that umbrella branding involves the marketing of similar products, rather than differentiated products, under one brand name. Hence, umbrella branding may be considered as a type of brand extension. The practice of umbrella branding does not disallow a firm to implement different branding approaches for different product lines.

उपवास करने वालों का आइसक्रीम

Let the Fun begin

वाडीलाल –1907

सन् 1907 में वाडीलाल गांधी ने परंपरागत 'कोठी' से आइसक्रीम बनाकर वाडीलाल का बीजारोपण किया था। सन् 1926 में उनके पुत्र रणछोड़लाल गांधी ने अहमदाबाद में पहला रिटेल स्टोर खोला– 'वाडीलाल सोडा फाउंटेन'। रणछोड़लाल से यह व्यापार उनके पुत्रों– रामचंदभाई व लक्ष्मणभाई गांधी को मिला, जिन्होंने इसे प्रोफेशनली संचालित करने के लिए सन् 1961 में कंपनी बनाई– 'वाडीलाल आइसक्रीम प्रा.लि.'। वेजीटेरियन (अंडे नहीं) के दावे के कारण इसका अलग ही लॉयल ग्राहक समुदाय था। वाडीलाल ब्रांड के पहले विज्ञापन की पंच लाइन थी– 'उपवास करने वालों का आइसक्रीम।'

रणछोड़लाल गांधी

25 ग्लोबल ब्रांड

मैनेजमेंट गुरु कहते हैं- 'पहली पीढ़ी कारोबार शुरू करती है, उसे दूसरी पीढ़ी स्थापित करती है। यदि तीसरी पीढ़ी भी उद्यमी हो तो कारोबार पीढ़ी-दर-पीढ़ी आगे बढ़ता है।' अमूल और रसना की तरह गुजरात में जन्मे राष्ट्रीय ब्रांड 'वाडीलाल' की यही कहानी है। सन् 1907 में वाडीलाल गांधी ने परंपरागत 'कोठी' (हाथ से चलने वाली देसी आइसक्रीम मशीन, जिसमें दूध को बरफ व नमक के साथ मथा जाता था) से आइसक्रीम बनाकर 'वाडीलाल' का बीजारोपण किया था। सन् 1926 में उनके पुत्र रणछोड़लाल गांधी ने अहमदाबाद में पहला रिटेल स्टोर खोला- 'वाडीलाल सोडा फाउंटेन'। इसी साल उन्होंने जर्मनी से आइसक्रीम मैकिंग मशीन आयात की। आजादी के पहले अहमदाबाद में वाडीलाल के चार आइसक्रीम पार्लर खुल गए। 50 के दशक में रणछोड़लाल गांधी ने लांच किया कसाटा आइसक्रीम, जो लोकप्रिय हुआ और इसके साथ शुरू हुई वाडीलाल की ब्रांड-मेकिंग। रणछोड़लाल से यह व्यापार उनके पुत्रों- रामचंदभाई व लक्ष्मणभाई गांधी को मिला, जिन्होंने इसे प्रोफेशनली संचालित करने के लिए सन् 1961 में कंपनी बनाई- वाडीलाल आइसक्रीम प्रा.लि.। 1970 के दशक में बहुराष्ट्रीय आइसक्रीम कंपनियों का आगमन शुरू हुआ, तब घरेलू मार्केट पर क्वालिटीज, जॉय व वाडीलाल का कब्जा था। वाडीलाल तब 10 आइसक्रीम पार्लर्स के साथ रीजनल ब्रांड बन गया था। वेजीटेरियन (अंडे नहीं) के दावे के कारण इसका अलग ही लॉयल ग्राहक समुदाय था। वाडीलाल ब्रांड के पहले विज्ञापन की पंच लाइन भी थी- 'उपवास करने वालों का आइसक्रीम।'

सन् 1992 में परिवार की चौथी पीढ़ी के राजेश आर. गांधी, शैलेष आर. गांधी

और देवांशु एल. गांधी कारोबार से जुड़े। इस युवा ब्रिगेड ने वाडीलाल को राष्ट्रीय ब्रांड बनाने की रणनीति बनाई। सन् 1984-85 में वाडीलाल गुजरात के बाहर निकला तो इसी साल एक बहुराष्ट्रीय कंपनी ने इसे खरीदने की कोशिश की। ब्रांड वाडीलाल तो नहीं बिका, पर सन् 1988 में शैलेष गांधी पारिवारिक कारोबार से अलग हो गए। भाइयों में समझौता हुआ कि वाडीलाल ब्रांड का दोनों उपयोग करें और परस्पर प्रतिस्पर्धा ना हो, इसलिए क्षेत्र बांट लें। शैलेष आर. गांधी की आज सिरमौर कंपनी है 'वाडीलाल डेयरी इंटरनेशनल।'

वाडीलाल के मैनेजिंग डायरेक्टर्स राजेश व देवांशु गांधी ने इसके बाद ब्रांड की पहुंच बढ़ाने का राष्ट्रीय अभियान शुरू किया। उन दिनों आइसक्रीम सीजनल व लक्जरी उत्पाद था। उन्होंने अलग-अलग फ्लेवर व टेस्ट से वाडीलाल आइसक्रीम लांच करके आइसक्रीम का चलन बढ़ाया। नई मशीनें खरीदी तो सप्लाय नेटवर्क भी स्थापित किया। आज जैसे रेफ्रिजरेटेड वाहन तब नहीं थे अत: उन्हें वैकल्पिक तकनीक पर भी पूंजी निवेश करना पड़ी। इस विस्तार अभियान का महत्वपूर्ण पड़ाव है सन् 1999 में बरेली (उत्तरप्रदेश) में डेयरी प्लांट की खरीद। इसके साथ वाडीलाल की दो आइसक्रीम मेकिंग यूनिट्स हो गई- एक गांधीनगर (गुजरात) और दूसरी बरेली (उत्तरप्रदेश)। 90 के दशक में ही वाडीलाल ने फ्रोजन फूड सेगमेंट में इंट्री ली और लांच किए फ्रोजन वेजीटेबल्स, रेडी-टूड-ईट स्नेक्स, करीज और ब्रेड्स।

वाडीलाल आइसक्रीम की उत्पाद शृंखला बहुत बड़ी है। 150 से ज्यादा फ्लेवर्स के वाडीलाल आइसक्रीम 250 पेक्स (कोन्स, कैंडिल्स, बार्स, आइस-लोलिज, बिग व स्माल कप्स, फैमिली व इकोनॉमी पैक आदि) में ग्राहकों तक पहुंचते हैं। आइसक्रीम के प्रति युवाओं के बढ़ते रुझान को देखते हुए वाडीलाल ने बाबा बाइट व फ्लिंगो लांच किए, जो 'यूथ आइसक्रीम' हैं तो गॉरमेट सुपर प्रीमियम आइसक्रीम है, जिसे मोल्ड लेबलिंग टेक्नोलॉजी पैकेजिंग में पेश किया गया है। वाडीलाल क्विक ट्रीट अम्ब्रेला ब्रांड के तहत फ्लेवर्ड मिल्क-पॉवर सिप को भी अच्छा रिस्पांस मिला है। इसके तीन फ्लेवर्स लांच किए गए हैं- गुलाब, इलायची और केसर। वाडीलाल का एक और लोकप्रिय उत्पाद है अल्फांसो, केसर और तोतापरी मेंगो पल्प। वाडीलाल मेंगो पल्प व मेंगो मिल्क शेक्स यूएसए, कनाडा, ऑस्ट्रेलिया, न्यूजीलैंड, यूके, जर्मनी, नीदरलैंड्स, सउदी अरब, कुवैत, अमान व दुबई को निर्यात कर रहा है। इन उत्पादों को विदेश में मिले रिस्पांस से उत्साहित राजेश व देवांशु वाडीलाल की मेंगो प्रोसेसिंग क्षमता 100 टन से 150 टन प्रतिदिन करने जा रहे हैं। घरेलू मार्केट में वाडीलाल के आम रस को अच्छा रिस्पांस मिला है। देश में यह अकेला ब्रांडेड आम रस है। कंपनी की अपनी इनहाउस एक्सपर्ट टीम है, जो उत्पादों के स्वाद व गुणवत्ता की सतत् निगरानी करती है।

उत्पाद शृंखला बढ़ाने के साथ वाडीलाल ने घरेलू मार्केट में 50 हजार रिटेलर्स, 250 स्टॉक कीपिंग यूनिट्स, 500 वितरकों, 32 सीएनएफ के साथ 250 वाहनों

का विशाल नेटवर्क भी स्थापित किया है। हैप्पीनेज ब्रांड नेम से वाडीलाल के 150 रिटेल आउटलेट्स हैं। इनमें से 15 खुद कंपनी तो शेष फ्रेंचाइजी संचालित कर रहे हैं। नए उत्पादों के प्रमोशन के लिए भी कंपनी विभिन्न विज्ञापन माध्यमों का उपयोग करती है।

राजेश गांधी कहते हैं– ''वाडीलाल ब्रांड के विस्तारीकरण व विविधीकरण का यह उपयुक्त समय है। अचल संपदा मार्केट में बुरे अनुभव के कारण हमने तय किया है कि हम वाडीलाल ब्रांड का फूड प्रोसेसिंग उद्योग में ही विस्तार करेंगे, जिसमें हमें निपुणता हासिल है।'' तदनुसार उत्तर भारत में कभी वाडीलाल ब्रांड नान, तंदूरी पराठे और दक्षिण भारत में डोसा, इडली, उत्तपम पाएं तो चौंके नहीं।

Java Chips · Pistachio Almond Fudge · Belgian Chocolate · Wild Strawberry

A new twist !

For over 600 years, papers were clipped together by putting ribbon through parallel incision in the upper left hand corner of the pages. Finally in 1835, the straight pin invented by Howe provided an alternative. But it was a Norwegian inventor and patent clerk Johan Valeer who created the paper clip in 1901 and gave a much-needed twist to the loop papers saga. A simple piece of wire bent at the ends, that holds the sheets together perfectly.

Simple but effective ! Isn't it ? THINK PRACTICAL

Samsonite

स्ट्रांग इनफ टू स्टैंड ऑन

Innovatively designed for journey

सेम्सोनाइट–1910

सन् 1910 में अमेरिकन यहूदी युवक जेसी श्वायडेर ने एक कंपनी स्थापित की 'श्वायडेर ट्रंक मेन्यूफेक्चरिंग'। यह आज 'सेम्सोनाइट' के नाम से हार्ट एंड सॉफ्ट लगेज, बिजनेस केस, डफल्स, बेकपेक्स, लेपटॉप तथा फुटवियर के लिए सारी दुनिया में मशहूर है। सेम्सोनाइट समूह के सहयोगी ब्रांड हैं- अमेरिकन टूरस्टिर, लेकोस्टे (बेग्स व स्मॉल लेदर गुड्स), टिम्बर लैंड (बेग्स), हार्टमेन लगेज, लेवी और एसेसोराइज। दुनिया के सौ देशों में सेम्सोनाइट के 23 हजार से ज्यादा आउटलेट्स हैं। इटली, चीन व भारत (नासिक) में मेन्यूफेक्चरिंग संयंत्र हैं।

जेसी श्वायडोर

105 साल पहले अमेरिकन यहूदी उद्यमी जेसी श्वायडेर ने 3500 डॉलर के निवेश से सेम्सोनाइट की स्थापना की थी। हमारे लिए गर्व की बात है कि 150 अरब डॉलर के सेम्सोनाइट इंटरनेशनल के आज गार्जियन हैं एक भारतीय उद्यमी डॉ. रमेश टैनवाला।

विश्वप्रसिद्ध लगेज ब्रांड सेम्सोनाइट की यात्रा सौ साल पहले डेनेवर (कोलोरोडो, यूएसए) से शुरू हुई थी। उन दिनों परिवहन के साधन इतने धीमे व सीमित थे कि बेहद जरूरी हो तो ही लोग ट्रैवलिंग पर निकलते थे। पर्यटन केवल रईसों के लिए अफोर्डेबल था। रईस पर्यटक चाहते थे कि वे जहां जाएं उन्हें स्टेटस के अनुसार ट्रीटमेंट मिले। स्टेटस का लगेज से अनुमान लगाना आसान है, यह सोचकर सन् 1910 में अमेरिकन यहूदी युवक जेसी श्वायडेर ने एक कंपनी स्थापित की 'श्वायडेर ट्रंक मैन्यूफेक्चरिंग'। यह आज 'सेम्सोनाइट' के नाम से हार्ड एंड सॉफ्ट लगेज, बिजनेस केस, डफल्स, बेकपेक्स, लेपटॉप तथा फुटवियर के लिए सारी दुनिया में मशहूर है। सेम्सोनाइट समूह के सहयोगी ब्रांड हैं- अमेरिकन टूरस्टिर, लेकोस्टे (बेग्स व स्मॉल लेदर गुड्स), टिम्बर लैंड (बेग्स) हार्टमेन लगेज, लेवी और एसेसोराइज। दुनिया के सौ देशों में सेम्सोनाइट के 23 हजार से ज्यादा आउटलेट्स हैं। इटली, चीन व भारत (नासिक) में मैन्यूफेक्चरिंग संयंत्र हैं।

अमेरिकन यहूदी परिवार में सन् 1882 में जन्मे जेसी श्वायडेर (Jesse Shwayder) के पिता इसाक श्वायडेर किराना सामान व पुराना फर्निचर बेचते थे। नौ भाई-बहनों के साथ जेसी का अभावों में लालन-पालन हुआ। 12-13 वर्ष की उम्र में अपनी बहन डोरा के साथ हर रविवार को चर्च में गायन व

वायलिन वादन करके जेसी प्रति सप्ताह 50 सेंट कमाने लगे थे। हाईस्कूल शिक्षा के बाद वे न्यूयार्क की सेवार्ड ट्रंक एंड बेग कंपनी में लगेज सेल्समेन हो गए। जेसी ने एक ही साल में 4 हजार डॉलर कमीशन कमाए और सेवक से स्वामी बनने का स्वप्न संजोया। अपने गृहनगर डेनेवर लौटकर अपनी सारी बचत 3500 डॉलर निवेश करके 10 मार्च, 1910 को जेसी ने अपने भाइयों (बेंजामिन, मार्क, मोरिक व सोल) के साथ एक कंपनी स्थापित की 'श्वायडेर ट्रंक मेन्यूफेक्चरिंग कंपनी'। इस कंपनी की छोटी-सी फैक्टरी में श्वायडेर बंधुओं ने सबसे पहले श्रमिकों की मदद से फोल्डिंग कार्ड टेबल्स और फर्निचर बनाए। जेसी ने इन्हें बायबिल में वर्णित एक शक्तिमान योद्धा 'सेमसन' के नाम से लांच किया। यहूदी परंपरा व मूल्यों के कट्टर पक्षधर जेसी ने व्यापार का गोल्डन रूल अपनाया- 'दूसरों के लिए वह करो जो आप अपने लिए चाहते हो।'

जेसी श्वायडेर लगेज को स्टेटस की पहचान बनाना चाहते थे, अतः सूटकेस डिजाइन से मेन्यूफेक्चरिंग तक इनोवेशन, क्रॉफ्टमेनशिप व हेरीटेज पर उन्होंने फोकस किया। सन् 1916 में सेम्सोनाइट ब्रांड से लांच किए गए सूटकेस का एक दिलचस्प विज्ञापन जारी हुआ। इसमें चारों श्वायडेर भाई और उनके पिता सेम्सोनाइट सूटकेस पर खड़े थे और नीचे अंकित था- ''स्ट्रांग इनफ टू स्टैंड ऑन।'' इस एड प्रमोशन से सेम्सोनाइट लगेज को अच्छा रिस्पांस मिलने लगा तो जेम्स श्वायडेर ने सन् 1941 में सेमसन से जन्मे सेम्सोनाइट को ट्रेड मार्क बनाया और इनोवेटिव लगेज की झड़ी लगा दी। टेम्पर्ड शेप व फाइबर कवर के

सूटकेस, मेचिंग लगेज सेट्स, मैग्नेशियम व एबीएस से बने लाइटवेट लगेज, व्हील सूटकेस, पोलीप्रोपिलिन हार्ड लगेज, थ्री डिजिट लॉकिंग सिस्टम्स, 2 व्हील अपराइट्स, 4 व्हील स्पिनर्स सूटकेस ने लगेज उद्योग में क्रांति का बिगुल बजा दिया। सेम्सोनाइट को वैश्विक लगेज मार्केट का लीडर ब्रांड बनाने के बाद सन् 1960 में 78 वर्ष की उम्र में जेसी रिटायर्ड हो गए। सन् 1973 में श्वायडेर परिवार ने सेम्सोनाइट कॉरपोरेशन को बेच दिया। इसके बाद कई बार इसका स्वामित्व बदला, पर वैश्विक लगेज मार्केट में लीडरशिप की हैसियत बनी रही। सन् 1993 में सेम्सोनाइट कॉरपोरेशन ने अमेरिकन टूरिस्टर को अधिग्रहित किया। अमेरिकन टूरिस्टर अपने 1970 के गुरिल्ला (चिंपाजी) विज्ञापन अभियान से लोकप्रिय हुआ था। इस विज्ञापन में एक चिंपाजी अमेरिकन टूरिस्टर सूटकेस को अपने पिंजरे में चारों तरफ फेंकता है, पर खोलने या तोड़ने में असफल हो जाता है तो पिंजरे के पिछले दरवाजे से बाहर फेंक देता है। सन् 1993 के बाद सेम्सोनाइट ब्रांड को इस कंसेप्ट से ही प्रमोट किया गया। याद करें जुरासिक पार्क का डायनासोर सूटकेस जो एक अनूठा व दिलचस्प ब्रांड प्रमोशन था।

डॉ. रमेश टैनवाला ने संभाली कमान

रांची (झारखंड) के मूल निवासी डॉ. रमेश टैनवाला ने बिट्स पिलानी से पोस्ट ग्रेजुएट डिग्री प्राप्त करने के बाद वीआईपी इंडस्ट्रीज, एशियन पेंट्स व सेंचुरी स्पिनिंग में नौकरी करना चाही, पर रिजेक्ट कर दिए गए। सन् 1983 में उन्होंने मुंबई में पॉलीमर बेचना शुरू किया और वीआईपी के सप्लायर बन गए। सन् 1985 में डॉ. रमेश टैनवाला ने सूटकेस के रॉ-मटेरियल प्लास्टिक शीट्स बनाने के लिए टैनवाला केमिकल्स की स्थापना की। भाग्योदय सन् 1997 में हुआ, जब उन्होंने सेम्सोनाइट कॉरपोरेशन यूएसए के साथ भागीदार कंपनी 'सेम्सोनाइट साऊथ एशिया प्रा.लि.' की स्थापना की। इस कंपनी ने एशियाई अफ्रीकन और मध्य-पूर्व के देशों के लिए सेम्सोनाइट लगेज बनाने के लिए नासिक में मेन्यूफेक्चरिंग संयंत्र स्थापित किया, जो आज सेम्सोनाइट का दुनिया का दूसरा सबसे बड़ा उत्पादन केंद्र है।

सेम्सोनाइट साऊथ एशिया ने भारत में शुरुआती वर्षों में दुर्दिनों का सामना किया। डॉ. रमेश टैनवाला ने यहां कंपनी को डूबने की कगार से बचाया। उन्हें इसका पुरस्कार मिला। सन् 2010 में वे इंडियन बिजनेस के सीओओ, इसके बाद सेम्सोनाइट इंटरनेशनल के सीओओ और अक्टूबर, 2014 में सीईओ बना दिए गए। डॉ. टैनवाला ने सेम्सोनाइट कॉरपोरेशन को मल्टी ब्रांड कंपनी बनाने के लिए विगत दो वर्षों में आधा दर्जन कंपनियां व ब्रांड्स खरीदे हैं। उन्हें उम्मीद है कि सन् 2020 तक भारत में भी सेम्सोनाइट की आमदनी दोगुना हो जाएगी। यहां अभी लोकप्रिय ब्रांड्स हैं- सेम्सोनाइट के अलावा अमेरिकन टूरिस्टर, हाईसिएरा, लावी और हार्टमेन।

Nayā Dumka, population 3,624, the headquarters station, on the banks of the Mor, a tributary of the Bhāgirathi.

Deoghur, population 8,667, in the north-west of the District, is connected by a steam tramway with the East Indian Railway, which runs four miles west of it. It has a group of temples, an object of pilgrimage for Hindus from all parts of India.

Sāhibganj, population 11,297, the largest town in the District, is on the Ganges, opposite Manihāri Ghāt. Though only founded in 1862, the town, owing to its situation on the deep-water channel of the Ganges, has advanced rapidly, and has almost doubled its population since 1881. It is 219 miles from Calcutta by the loop line of the East Indian Railway, which carries away large quantities of produce collected by river from neighbouring districts.

Rājmahāl is, like Sāhibganj, a collecting and distributing centre, situated between the river and the railway, 202 miles from Calcutta; but owing to the movements of the deep-water channel of the river it has declined in importance.

THE PROVINCE OF ORISSA

Scale 1 Inch = 48 Miles.

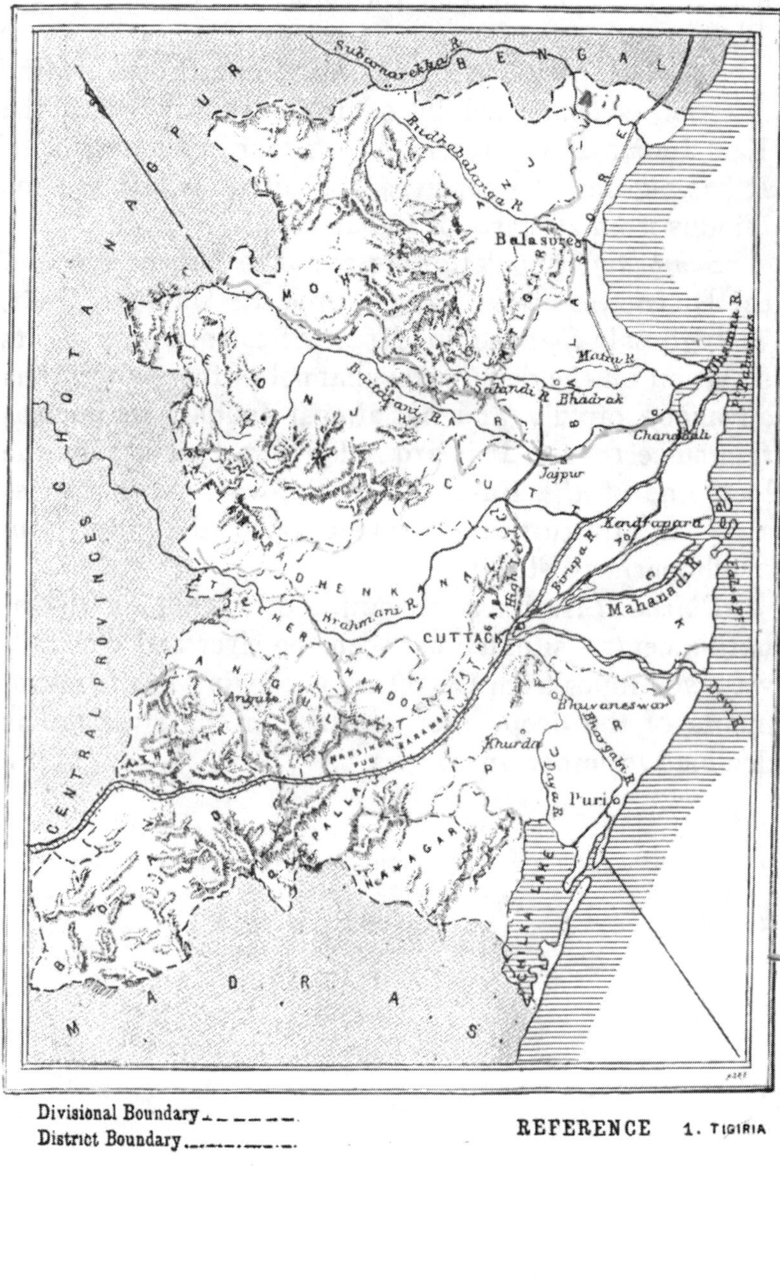

Divisional Boundary

District Boundary

REFERENCE 1. TIGIRIA

ORISSA.

Area: 24,280 square miles. Population: 5,744,062.

The Province of Orissa comprises the Orissa Division and the Orissa Tributary States.

Boundaries.—Orissa is the south-western portion of Bengal Presidency. It is bounded on the north and north-east by Chota Nāgpur and Bengal Proper; on the east, south-east, and south by the Bay of Bengal; on the south-west by the Madras Presidency, and on the west by the Central Provinces. The Province naturally divides itself into two parts: the seaboard Districts of Balasor, Cuttack, and Puri, the home of the Uriya race; and the inland hill country inhabited by aboriginal tribes, and still ruled, for the most part, by their semi-independent chiefs.

Orissa, as ceded to the East Indian Company in 1765, was confined to the territory now occupied by Midnapore District, and a part of Hooghly. The rest of the Province was recovered from the Mahrattas by the English in 1803.

I. Orissa Division:

Area: 9,841 square miles. Population: 4,047,352.

Districts.	*Area.*	*Population.*
Balasore	2,056	994,625
Cuttack	3,632	1,937,671
Puri	2,472	944,998
Angul and Khondmāls	1,681	170,058

The Division as constituted at present is made up of the three coast Districts of Balasore, Cuttack, and Puri, and a hill District made up of Angul and the Khondmāls of Boad. Angul was formerly a Tributary State, but was confiscated in 1847 owing to the rebellion of its chief, and, together with the Khondmāls (*tracts of the Khonds*) of Boad, made into a British District in 1891. These tracts are not contiguous with the rest of the Division, but are surrounded by territory belonging to the Tributary States. The seaboard portion of the Division is a long belt of country bounded on the north-east by the District of Midnapore; on the west by the hilly regions of the semi-independent Tributary States, which separate it from Chota Nāgpur and the Central Provinces; on the south-west by the Madras District of Gānjām; and on the south and east by the Bay of Bengal.

Size and Population.—The area of the Division, which is the smallest in the Bengal Presidency, is 9,841 square miles. The extreme length of the seaboard tract is about 216 miles, and its greatest width about 92 miles. The population is 4,047,352, or 410 to the square mile, and is almost entirely Hindu, the number of Musalmāns being under 100,000. The language of the common people is Uriya. The material condition of the people is poor; inferior to that of the inhabitants of Bengal Proper, though better than that of the mass of the population in Bihār. The Division is subject to floods, especially in the neighbourhood of the Chilka Lake, and is also liable to famine. The risk of famine has been much lessened by the construction of irrigation and navigable canals since the great famine of 1866.

Physical Features.—The Districts of Balasore, Cuttack, and Puri form a long strip of alluvial plain lying between the mountains and the sea. The width of this strip is least in the north, in Balasore District, where in several places the boundary of the Tributary State of Nilgiri is within ten miles of the sea. The coast is for the most part lined by ridges of blown sand, which, in Puri, occasionally extend some miles inland. Behind these is a narrow strip of desolate, marshy, low-lying land, highly saline, in which, chiefly in Balasore, salt is manufactured. Within this salt tract, and extending to the rocky, barren land bordering on the hill country of the Tributary States, lies the fertile tract which constitutes the greater part of the Division, most of which may be regarded as a delta formed by the rivers Māhānadi, Brāhmani, and Baitarani. The country near the coast is low, the lowest point being 13 feet, on the Subarnarekha, and the country rises towards the west. Between the rivers Brāhmani and Mahānadi there are numerous hills, all more or less isolated. The most easterly are along the Birupa river. Many of them are remarkable for their Buddhist remains. A low range of hills running irregularly south-west from the Mahānadi above Cuttack towards the Chilka Lake, marks the southern limit of the Mahānadi Delta. None of the hills within the Division exceed 2,500 feet in height.

The chief rivers of the Division are the *Subarnarekha*, *Budhabalanga*, *Baitarani*, *Brāhmani* and *Mahānadi*. The most northern of these is the *Subarnarekha*, which enters the Division from Midnapore District, and takes a generally southern but tortuous course to the sea. For the last few miles of its course it flows through a

jungly, uninhabited country. It is affected by the tide for about 16 miles from its mouth, and is navigable for that distance by large country boats.

The *Budhabalanga* rises in the Tributary State of Moharbhanj, enters the Division about twelve miles above Balasore town, and takes a very winding course across the plains to the sea. Steamers can get up to Balasore, about 16 miles from the mouth, but a bar makes the entrance difficult.

The *Baitarani* enters the Division from the Tributary State of Keonjhar, and is the northern river of the deltaic system which is formed by the Baitarani, Brāhmani, and Mahanadi. Its course is easterly, and it is, throughout almost the whole of its course, the boundary between Balasore and Cuttack Districts. Shortly after entering the Division it throws off a branch, which joins one of the off-shoots of the Brāhmani, by which river it is joined some distance below Chāndbāli. The united streams flow into the sea as the *Dhāmra*.

The *Brāhmani* enters the Division from Dhenkānal Tributary State, and very shortly after entering the plains it breaks up into several branches, which are connected with both the Baitarani and the Mahānadi. The largest of these reunite about 12 miles above the junction with the Baitarani at the head of the Dhāmra estuary, but the *Maipāra* another off-shoot lower down, conveys some of the water of the Brāhmani to the sea. Between the Dhāmra and the Maipāra is Point Palmyras, well known to sailors.

The *Mahānadi* rises in the Central Provinces, and its length is over 500 miles. It first touches the Division at the extreme north-west of Cuttack District, where it forms the boundary between the Division and the Tribu-

tary States of Barambā, Tigiria, and Athgar, flowing generally east. About seven miles west of Cuttack town it flows into the plains through a narrow gorge, and at once becomes deltaic, throwing off to the south, just above the town of Cuttack, the *Kātjuri*; and, opposite the town, the *Birupa*, which flows north to the Brāhmani. The Kātjuri gives off the *Koyākhāi*, a river which breaks up into several distributaries, of which the two western, the *Dāya* and *Bhārgabi*, discharge into the Chilka Lake. Lower down the Kātjuri itself breaks up into several rivers, of which the chief is the *Devi*.

Below Cuttack the main branch of the Mahānadi, which retains the name. throws off several distributaries, some of which reunite and, as the *Nuna*, rejoin the main stream near its mouth at False Point.

The Orissa delta is a repetition on a smaller scale of the Gangetic delta. The several channels of the Baitarani, Brāhmani, and Mahānadi flow in beds raised above the general level of the country, which falls away from their banks. These rivers are connected by interlacing streams, and, as they approach the sea, flow through a swampy desolate country, resembling the Sundarbans. The waters of the Mahānadi chiefly enter the sea south of False Point, but several channels pass to the north, and form an anchorage, protected by it from the full force of the South-West Monsoon. Unfortunately the mouths of all these rivers are seriously obstructed by bars.

The supply of water to the Orissa river-system is less regular than to the Gangetic system, which is partly snow-fed. The former system is fed by the hill countries of the Tributary States, Chota Nāgpur and Central India, which during the dry season are practically

rainless. On the other hand, in the rains, the rivers, flowing as they do chiefly through hill country, fill very rapidly, and pour into the Orissa plains a volume of water which it is far beyond the power of the natural waterways to carry off. The result is a great liability to flood, which the river embankments, though very extensive, only partially prevent. About one-eighth of the silt-laden flood water of the Mahānadi is discharged into the *Chilka Lake*, a shallow piece of water in the south of Puri District, 44 miles long. Its northern part has an average width of 13 miles, while the southern half tapers into an irregularly-curved point, averaging barely 5 miles in width. During the dry months the water is salt, and in the height of the rains fresh. It is separated from the sea by a narrow bank of sand, in which there is an opening about 16 miles south-west of Puri town. Mountains come down to the lake on the west; on the south a hilly watershed separates it from Madras. The lake is a great resort for water fowl.

The physical features of Angul and the Khondmāls are similar to those of the Tributary States.

Crops, Manufactures, Products.—Rice is the staple crop, and no other crop can be said to be of importance. A little *jute* is grown in Cuttack and Balasore Districts. There are Government *forests* in Puri and Angul, but at present they are not very productive. Notwithstanding the enormous volume of water which is poured into the Orissa plains, the Division is liable to occasional drought, and consequent failure of crops. Since the terrible famine of 1866 a great system of canals has been constructed, by which the waters of the rivers can be more generally distributed over the country.

The hief manufacture of the Division is *salt*, which is carried on by artificial evaporation. In 1892-1893 Balasore District produced about 400 tons, and two factories on the islands of Tua and Gurubai in the Chilka Lake nearly 2,000 tons. Cuttack town is famous for its gold and silver *filigree work*.

Internal Communications.—Until within late years the internal communications of the Division were bad. The rivers have not been of the same importance as highways as they are in Eastern Bengal, even in the deltaic districts, partly because of the less constant nature of the water supply and partly because of the general direction of their courses, which is across the Division to a coast deficient in good harbours. The river mouths are usually blocked by bars, and the Dhāmra estuary is the only one at all convenient for steamers. Nor is the Division well supplied with roads. The Grand Trunk Road, which enters the Division from Midnapore, and passes through Jellasore, Balasore, and Cuttack into the Madras Presidency, is the most important.

Since 1866 a system of canals has been constructed which has greatly facilitated communication between the different parts of the Division, and the rise of the port of Chāndbāli has made it less isolated from the rest of Bengal. The object of the canal system is three-fold: (1) to mitigate the severity of the floods, by taking off surplus water; (2) to distribute water for irrigation purposes, and so diminish the chance of famine; (3) to facilitate communication between the Districts of the Division and the rest of Bengal. In 1893 there were 204¾ miles of navigable canal open, and about 1,000 miles of irrigation distributaries. The

most important navigable canal is the *Kendrapāra canal*, which takes off from the right bank of the Birupa weir near Cuttack, and goes through Kendrapāra to the Brāhmani river near the Dhāmra estuary, and thus connects Cuttack with the port of Chāndbāli. It has a branch which leads to the Jambu river north of False Point. The *high-level canal* starts from the left flank of the Birupa weir, and runs north along the foot of the hills to the Brāhmani river; thence to the Baitarani, and thence to the Sālandi river in Balasore; a total length of 64½ miles. The *Tāldunga canal* takes off from the great weir of the Mahānadi at Cuttack, and rejoins the river about 15 miles from the sea at False Point. Its length is 51¾ miles. The *Orissa coast canal* enters the Division from Midnapore, and continues to the river Matai, a tributary of the Dhāmra in Balasore District.

There are no railways in the Division. The Vizagapatam-Cuttack section of the East Coast Railway, which is designed to connect Madras and Calcutta, is under construction.

Climate.—The climate of this Division may be regarded as intermediate between that of Bengal and Madras. It has less cold weather, and the mean annual temperature is higher. It also receives later rains than the rest of Bengal, being to some extent affected by the Madras monsoon, which sets in in October. The Division is liable to violent outbreaks of cholera, often caused by the insanitary conditions under which the enormous numbers of pilgrims to the shrine of Jagannāth at Puri travel, and are lodged and fed. Smallpox is also common, but from fever the Division is comparatively free.

Observing Stations in Orissa.	Average Maximum Temperature in		Average Minimum Temperature in		Mean Annual Rainfall in inches.
	January.	May.	January.	May.	
Cuttack	84·6	101·4	59·9	79·5	61·05
False Point ..	78·8	91·1	58·9	79·2	70·16
Balasore	80·1	95·6	55·7	77·9	65·35

Balasore District.

Area: 2,056 square miles. Population: 994,625.

Balasore, population 20,775, is situated on the Budhabalanga river, about 16 miles from the sea. This town was one of the first English settlements in Eastern India, having been granted to the East India Company in 1642 by the Emperor of Delhi, out of gratitude for the cure of his daughter by Doctor Broughton. The port has long been a decaying one, owing to the silting up of the mouth of the river. There is still a considerable trade in rice and salt, and there is regular steamer communication with Calcutta.

Chāndbāli, on the north bank of the Baitarani river, about 20 miles from the mouth of the Dhāmra, is the chief port of Orissa, a position which it has attained within the last 20 years. The river is comparatively safe and easy to enter, and vessels are sheltered in it from the force of the monsoon. Steamers ply regularly between this port and Calcutta, and smaller steamers convey passengers and merchandise by the Kendrapāra canal between Chāndbāli and Cuttack.

Cuttack District.

Area: 3,632 square miles. Population: 1,937,671.

Cuttack, population 47,186, the headquarters of the

Division and of the District of Cuttack, is situated on a tongue of land at the first bifurcation of the Mahānadi. The main branch of the river, which retains the name of the parent stream, flows to the north of the town, and the Kātjuri to the south. The place is important as the centre of the Orissa canal system, and as being the key of the hill country, the outer ranges of which are visible from the town. It communicates with the outer world chiefly by means of the Kendrapāra canal, by which it is 62 miles from Chāndbāli.

PURI DISTRICT.

Area: 2,472 square miles. Population: 944,998.

Puri, population 28,794, is about 53 miles south of Cuttack. It is situated on the coast, and is separated from the sea by sandhills, on which are the houses of the European residents. There is no harbour; ships lie in an open roadstead about a mile out, and land goods and passengers in surf boats, which can only ply in fine weather. The temple of Jagannāth is a conspicuous object with its gaudily-painted domes, and is a well-known landmark, as is also the Black Pagoda of Kanārak, some 20 miles up the coast. The Puri temple is the great object of Hindu pilgrimage, and is annually visited by enormous numbers. The great attraction of the year is the "Car" Festival, at which alone there are sometimes over 100,000 pilgrims present. The disease and suffering caused by this great influx of people at a most unhealthy season of the year are very great, but, owing to the strict sanitary regulations now enforced, very much less than formerly.

The town subsists chiefly on the shrine and the

Photograph by] [*W. H. Cornish, Esq.*

THE TEMPLE AT JAGANNĀTH, PURI.

pilgrims who attend it, large sums being made by the lodging houses.

Puri District abounds in memorials of bygone religions: of Buddhism in the rock caves in the hills between Puri and Cuttack, with their sculptures and inscriptions; of Siva-worship, in the magnificent ruined temples of Bhuvaneswar; of sun-worship in the great temple at Kanārak (the Black Pagoda).

Angul and Khondmāls District.

Area: 1,681 square miles. Population: 170,058.

This District, formed in 1891, is made up of Angul, formerly a Tributary State ruled by its own chief, and the Khondmāls Boad Tributary State. It is governed by special regulations suited to the primitive character of the people.

Angul, area 881 square miles, lies among the Tributary States north of the Māhānadi. It is traversed by no great river, and is chiefly forest. The southern portion is hilly. The high road from Cuttack to the Central Provinces, which bound Angul on the north, passes through it. The principal village, where the family of the ex-chief lives, is Angul.

The Khondmāls (tracts inhabited by the Khonds), 800 square miles, occupy the wilder and less accessible southern portion of Boad, the most westerly Tributary State. It was found in 1885 that the Raja of Boad had ceased to have any power in these tracts, and they were placed under direct British management.

The Seventeen Tributary States of Orissa.

Area: 14,387 square miles. Population: 1,696,710, or 117 to the square mile. The great mass of the

inhabitants are Hindus, the aboriginal superstitions being more or less distinctly preserved. The Tributary States form the western portion of the Province of Orissa, and occupy the mountainous jungle-clad country to the west of the strip of alluvial plain which constitutes Orissa Division. This territory is divided by the valleys of the three great rivers, the *Mahānadi*, the *Brāhmani*, and the *Baitarani* between each of which hills rise to form watersheds, whose average elevation increases as we proceed north.

The *Mahānadi* flows through a well-defined valley, often closely hemmed in by hills on either hand. South of the river, in the Khondmāls of Boad, the hills rise to over 3,000 feet. North of the river, the water-parting between the Mahānadi and *Brāhmani* rivers ranges from 2,000 to 3,000 feet, the more gradual slope being towards the Brāhmani. From the north bank of the Brāhmani the hills rise to the Keonjhar water-parting, with peaks ranging from 2,500 to nearly 4,000 feet. The northern slopes of these hills drain to the *Baitarani*, and, north of this river, rise the masses of hills which make up the greater part of the Moharbhanj State, and have an elevation varying between 3,000 and 4,000 feet. These hills drain on the north and east to the *Subarnarekha* and *Budhabalanga* rivers; on the west and south to the Baitarani. The Baitarani and the Budhabalanga both rise in the Tributary States, the upper courses of each winding round the central masses of the hills into the very heart of the mountainous regions which they drain.

The Mahānadi is navigable in parts of its course throughout the year. The difference in the amount of water it brings down in the rains and in the dry season

is enormous. Its flood discharge is equal to that of the Ganges, and at such times it is from one to two miles wide, and very deep. The other rivers that traverse the Tributary States are scarcely navigable except in the rains.

Rice is grown in the valleys and lowlands where irrigation is available. In the upland forests *rice*, *oil-seeds*, and *cotton* are grown on fresh clearings, very much after the fashion of the jūm cultivation in the Chittagong Hill Tracts. *Coal* is found in Tālcher State, but has hitherto been little worked.

The average rainfall of the Tributary States is apparently somewhat less than that of Orissa Division.

The number of Tributary States is at present seventeen. South of the Mahānadi are—

(1) *Boad*, area 1,264 square miles, population 89,551. This is the most western of the Tributary States.

(2) *Daspalla*, east of Boad, area 568 square miles, population 45,597. A small portion of this State lies north of the Mahānadi, which here flows through the magnificent Barmul gorge.

(3) *Khandpāra*, east of Daspalla, area 244 square miles, population 63,287. The State has much valuable timber. It is bordered on the east by Cuttack and Puri Districts.

(4) *Nayāgarh*, south of Khandpāra, area 588 square miles, population 117,862.

(5) *Ranpur*, east of Nayāgarh, area 203 square miles, population 40,115.

North of the Mahānadi the States bordering on the river, beginning from the west, are:

(6) *Athmallik*, area 730 square miles, populatiou 31,605, a wild jungly country with little cultivation or

trade. East of this State, and bordering the Mahānadi, come Angul District and the small portion of Daspalla north of the river. East of these are:

(7) *Narsinghpur*, area 199 square miles, population 33,849.

(8) *Barambā*, area 134 square miles, population 32,526. Timber and bamboos are floated down the river to Cuttack and Puri Districts.

(9) *Tigiria*, area 46 square miles, population 20,546. This is the smallest of the Tributary States, and the most densely populated.

(10) *Athgarh*, area 168 square miles, population 36,603. On the east this State is bordered by the District of Cuttack.

(11) *Hindol*, area 310 square miles, population 37,973, though lying in the Brāhmani valley, does not touch that river. It has Dhenkānal on the north and east, and Narsinghpur and Barambā States on the south.

The Brāhmani, in its easterly course through the Tributary States, intersects two of them, viz.:

(12) *Tālcher*, area 399 square miles, population 52,674. There is a considerable coalfield in this State, and iron is also found.

(13) *Dhenkānal*, area 1,463 square miles, population 238,285. This is the most advanced and best managed of the Tributary States.

(14) *Pal Lahāra*, area 452 square miles, population 19,700, is on the western border north of Tālcher. The highest hill in Orissa, Malāyagiri, 3,895 feet high, is in this State, which also has splendid sāl forests.

(15) *Keonjhar*, area 3096 square miles, population 248,101, occupies the north-west portion of the Province. It is a wild country of valleys and highlands, in the heart

of which the Baitarani takes its rise. The inhabitants are a turbulent race, and have quite lately been giving trouble.

(16) *Moharbhanj*, area 4,243 square miles, population 532,238, the most northern State, is the largest and most populous of the Tributary States. It has fertile valleys, but the greater part of the State is forest, in which wild elephants abound. The Budhabalanga has its rise, and the greater part of its course, within the State.

(17) *Nilgiri*, area 278 square miles, population 56,196, is a small State enclosed between Moharbhanj and Balasore District, A range of hills runs along the Balasore border.

CHOTA NĀGPUR.

Area: 42,992 square miles. Population: 5,512,151.

This Province is made up of the Chota Nāgpur Division, and the nine Tributary States, which enjoy a semi-independence under the rule of their native Chiefs.

It is bounded on the north by Central India, the North-West Provinces, and Bihār; on the east by Bihār and Bengal Proper; on the south by the Tributary States of Orissā, and the Central Provinces; on the west by the Central Provinces and Central India.

Size and Population.—The area of the Province is 42,992 square miles, a little less than that of Bihār. The population in 1891 was 5,512,151. The great mass of the population is of aboriginal descent, but more than three millions are Hinduised. About a million and a half profess aboriginal faiths. The number of Christians is considerable: 90,182 out of a total of 191,956 in the whole Presidency.

Physical Features.—Chota Nāgpur is a northward extension of the great plateau of Central India. Considered as one of the divisions of Bengal, it is, to a great extent, a natural division; for though in the west and south it is continuous with country of similar character in the Central Provinces and Orissa, yet on the north and east it is, for the most part, marked off from Bihār and Bengal Proper by distinct geographical features.

In the east the transition from the "plains" country of Bengal Proper to the uplands of Chota Nāgpur is

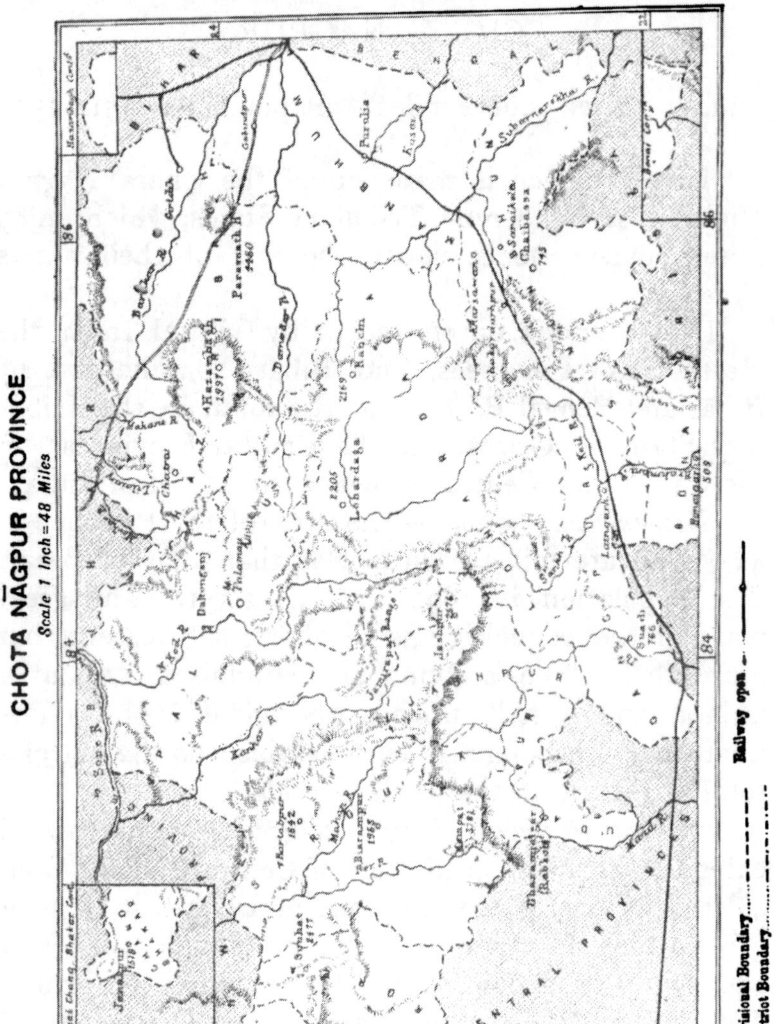

gradual, but on the northern boundary it is abrupt, passes leading direct from the plains on to the lower

plateau of Hazāribāgh. Geographically speaking, the District of Mānbhum has least in common with the rest of the Province. It is a gradually-rising continuation of the plains of Western Bengal, forming a step leading up to the true Chota Nāgpur, and in this respect it resembles the south-western portions of the Sonthāl Parganas, Bhāgalpur, and Monghyr Districts.

In describing the physical features of the Province it is convenient to take as a starting-point the central table-lands of Hazāribāgh and Rānchi, with the Dāmodar valley between them. The central Hazāribāgh table-land stands north of the Dāmodar valley, which runs from west to east. Its average elevation is slightly below 2,000 feet, and its area is 600 square miles, less than one-tenth the total area of Hazāribāgh District. It descends gradually to the Dāmodar valley, which is included within the District. From the Dāmodar the rise to the Rānchi table-land is abrupt.

North of this central table-land of Hazāribāgh a lower table-land, averaging 1,300 feet in height, extends to the Bihār boundary, and declines gradually east along the valley of the Barākar. In this lower plateau, at the head of the Barākar, there is a water-parting, west of which the rivers flow north to Gāya District. South of the Barākar, near the eastern boundary of the District, the famous Pārasnāth Hill rises from the plateau, here about 1,000 feet high, to a height of 4,480 feet. It is the highest peak in Chota Nāgpur.

The water-parting at the head of the Dāmodar valley is the high land in the south-east of Palāmau District, which connects Hazāribāgh with the Rānchi table-land. From this water-parting Palāmau District extends north-west to the Sone. It has an average

elevation of about 1,200 feet, broken by spurs running out from the higher country of the south and east.

To the south of the Dāmodar rises the Rānchi table-land, which has a mean elevation of slightly over 2,000 feet, and an area of 4,500 square miles, forming about two-thirds of the District of Lohārdaga. The highest part of the table-land is a little south-west of the headquarters station of Rānchi, where it rises to 2,500 feet, and forms a water-parting between the rivers which flow to the east, and those which flow to the south. Towards the boundary of the District in the west the country rises, and the borderland of Lohārdaga and the Native States of Sarguja, Jashpur, and Gāngpur is very mountainous.

The characteristic feature of this portion of Chota Nāgpur is the *pāts*. These are hills capped by horizontal strata of rock: true table-lands, to which access can only be had through fissures in the over lying strata. The *pāts*, which average 3,600 feet in height, are covered with a thin-soil, but forest trees grow well, and they afford grazing grounds for large herds of cattle in the hot-weather months. The largest are Jamīrāpāt, which forms part of the boundary between Lohārdaga and Sarguja, and Mainpāt, in the south of Sarguja, which is 18 miles long by from 6 to 8 miles broad.

Further west, in the central portions of Sarguja and Jashpur States, are considerable areas of lower-lying country, averaging 1,500 feet in elevation, and the rest of the Province, as it narrows to its western extremity in Chāng Bhakār, becomes more and more broken and mountainous. The highest points are reached in Sarguja and Jashpur. Jashpur has twenty

named peaks rising above 3,000 feet, Sarguja thirteen, of which one, Mailān, is 4,024 feet. Korea has nineteen peaks above 2,000 feet, and Chāng Bhakār, small as it is, no less than thirty-three.

The whole of the real upland country of Chota Nāgpur is bordered on the south by country of much lower level. In the west Gāngpur State, averaging 700 feet in elevation, forms a sort of trough between the Chota Nāgpur hill country and that of the Central Provinces and Orissa, while, in the east, rocky spurs project from the Rānchi table-land into Singbhum District, which is divided by hills from Gāngpur State in the west, and declines in elevation from about 750 to 400 feet at the Subarnarekha river. The western portion of Singbhum rises in the south to a plateau upwards of 1,000 feet in height, and 700 square miles in extent, which is bounded by the hills of Orissa.

The river system of Chota Nāgpur elucidates the "lie" of the country. The headquarters of the *Dāmodar* are in the high land where the Districts of Palāmau, Hazāribāgh and Lohārdaga meet. Its valley separates the table-lands of Rānchi and Hazāribāgh, falling with the river from about 1,300 feet to 400 on the borders of the Province. It receives the drainage of the central Hazāribāgh table-land, and through its largest tributary, the Barākar, that of the lower plateau on the north-east, which forms the greater part of Hazāribāgh District.

The head-waters of the *North Koil* are in the mountainous country north-west of Lohārdaga District. It flows north through the middle of Palāmau to the Sone, receiving the whole drainage of the District. The *Subarnarekha* rises on the Rānchi table-land, and receives the drainage of the east of Lohārdaga District.

It leaves the table-land by a picturesque waterfall, and flows in a southerly direction through the eastern portion of Singbhum, receiving the drainage of most of the District.

The *South Koil* and the *Sankh* drain the western part of the Rānchi table-land and the eastern border of Jashpur; they unite to form the *Brāhmani* in the east of Gāngpur, and this river flows south through the middle of Bonāi State. The greater part of Jashpur is drained by streams which unite to form the *Ib*, which flows south through the western portion of Gāngpur, and eventually joins the Mahānadi in the Central Provinces. The whole of the central portion of Sarguja, averaging 1,500 feet in height, drains into the *Rer*, which flows north to the Sone. The eastern border also drains to the Sone through another tributary, the *Kanhār*. Udaipur drains to the Mahānadi, as also the western border of Sarguja and the southern part of Korea. The north of Korea and Chāng Bhakār drain to the Sone.

Crops, Manufactures, Products.—The inhabitants of this Province consume *wheat*, *barley*, *pulses*, *Indian corn*, and *millets* as articles of food, in addition to rice; and these grains are, as in Bihār, generally grown. Rice is chiefly grown in the valleys, and in the depressions of the table-lands, and also to some extent on terraced hill sides. Palāmau and Mānbhum are the principal wheat-growing Districts. The different millets are staple crops of the Province. *Rape-seed* and *mustard* are also largely grown. *Cotton* is more largely grown than in any other part of the Presidency. *Tea* is grown and manufactured in the Districts of Hazāribāgh and Lohārdaga, in which there were 28

gardens in 1892. The climate, however, is not very favourable, and the industry is declining. *Lac* is found all over the Province, and is largely manufactured in Lohārdaga and Mānbhum Districts. There are extensive Government *forests* in all parts, and the territory of the Tributary States may be described as denselv wooded. *Tusser silk* cocoons, and *sabhāi grass* for making string and paper, are collected in the jungles all over the Province, chiefly for export to other Districts, where they are manufactured. *Hides* are also largely exported.

Coal is largely worked in Chota Nāgpur, the total area of coal-bearing rocks being over 5,000 square miles. The principal collieries are near Giridih, which turned out over half a million of tons in 1892. Next to these the greatest out-turn is from the collieries on the eastern edge of Mānbhum. Coal is also worked in Palāmau District, but the quality is not so good as in the more eastern coalfields. *Copper*, *lead*, and *iron* are also more or less worked. *Mica* is also extensively worked in north Hazāribāgh. *Gold* is obtained in small quantities by washing all over Singbhum District.

Internal Communications.—The Grand Trunk Road, once the great line of communication between Calcutta and the north-west, crosses the north-eastern portion of the Province. It enters Mānbhum District a little north of the Dāmodar, passes into Hazāribāgh District south of Pārasnāth Hill, and enters Gāya District after descending from the Hazāribāgh plateau by the Dhanwa Pass. Roads lead from this main road across the Province to Hazāribāgh and Rānchi, and minor roads join these towns with other parts of the Province. The rivers are of little use for navigation. They are subject to sudden rises after rain, and fall as

rapidly. The main line of the East Indian Railway does not enter the Province, but runs through Bhāgalpur more or less parallel to its north-eastern border, and it has a branch running west to Giridih in Hazāribāgh District, 206 miles from Calcutta, whence travellers to Hazāribāgh proceed by tonga cart.

The Bengal-Nāgpur Railway leaves the East Indian Railway at Assansol, in Burdwān District, and runs south-west through Mānbhum, Singbhum, and Gāngpur into the Central Provinces. It keeps to the lower levels of the country, and, by availing itself of natural passes in the hills, gets through with little tunnelling.

Climate.—The climate of Chota Nāgpur is a transition one between that of Central India, and that of Western Bengal. It has a more copious rainfall than Central India, averaging about 50 inches, while its elevation gives it a temperature less by some degrees than that of the neighbouring plains during the rains and cold weather months. It is, however, swept by dry west winds in the spring months, and the hot weather temperatures range high. In the rainy season the climate of the Rānchi and Hazāribāgh table-lands is a very agreeable relief from that of the plains. The following table gives the average maximum and minimum temperatures of the hottest and coldest months for three stations, and the average annual rainfall:—

Observing Stations in Chota Nāgpur.	Average Maximum Temperatures in		Average Minimum Temperatures in		Average Annual Rainfall in inches.
	January.	May.	January.	May.	
Hazāribāgh ...	72·8	98·3	50·5	74·3	50·66
Rānchi	73·7	98·0	50·1	73·9	56·16
Chāibāssa	80·2	103·4	53·5	78·8	55·9

CHOTA NĀGPUR DIVISION.

Area: 26,965 square miles. Population: 4,628,792.

Districts.	*Area.*	*Population.*
Hazāribāgh	7,021 ...	1,164,321
Lohārdaga	7,132 ...	1,128,885
Palāmau	4,912 ...	596,770
Mānbhum	4,147 ...	1,193,328
Singbhum	3,753 ...	545,488

HAZĀRIBĀGH DISTRICT.

Area: 7,021 square miles. Population: 1,164,321.

Hazāribāgh town, population 16,672, is the District headquarters. It is situated at a height of about 2,000 feet, on the high central plateau of the District, in the midst of a group of conical hills. It is connected by road with Giridih, the headquarters of the coal industry, a station on a branch of the East Indian Railway, 72 miles distant, and with Rānchi, 56 miles south. The road to Rānchi descends gradually to the Dāmodar, and re-ascends somewhat steeply to the Rānchi plateau.

Chatra, population 10,783, about 36 miles north-west of Hazāribāgh, is the chief trade-centre of the District. It stands on the lower plateau occupying the northern portion of the District, and commands the passes into the plains and to the west.

LOHĀRDAGA DISTRICT.

Area: 7,132 square miles. Population: 1,128,885.

Rānchi, population 20,306, is the District head-

quarters, and also the headquarters of the Division. It is pleasantly situated on the high central plateau of the District, at an elevation of 2,169 feet. The town has no particular manufactures or trade.

Lohārdaga, population 7,110, on the South Koil river, 45 miles west of Rānchi, elevation 2,205 feet, was formerly the administrative headquarters.

Palāmau District.

Area: 4,912 square miles. Population: 596,770.

Daltonganj, population 5,193, is the District headquarters, situated on the North Koil river, about 104 miles north-west of Rānchi.

Mānbhum District.

Area: 4,147 square miles. Population: 1,193,328. This is the most populous District of the Division.

Purulia, population 12,128, is the District headquarters. It is a station on the Bengal-Nāgpur Railway, 189 miles from Calcutta.

Singhbhum District.

Area: 3,753 square miles. Population: 545,488.

Chāibāssa, population 6,850, is the District headquarters, situated at an elevation of 745 feet. It is about 15 miles south-east of the Chakardharpur station on the Bengal-Nāgpur Railway, 252 miles from Calcutta.

The Nine Tributary States:

Area: 16,027 square miles. Population: 890,834.

1. *Chāng Bhakār*. Area: 906 square miles.

Population: 18,526. This is the most western state, and is, with the adjacent State of Korea, the least densely-populated part of the Province, these two States having only 20 and 22 persons to the square mile respectively.

2. *Korea.* Area: 1,631 square miles. Population: 36,240. It lies east of Chāng Bhakār.

3. *Sarguja.* Area: 6,103 square miles. Population: 324,552. It lies east of Korea, and is the largest of the Tributary States.

4. *Udaipur*, south of Sarguja. Area: 1,051 square miles. Population: 37,536.

5. *Jashpur.* Area: 1,947 square miles. Population: 113,636. It has Sarguja on the north, Sarguja and Udaipur on the west, and Lohārdaga District on the east.

6. *Gāngpur.* Area: 2,484 square miles. Population: 191,440. It lies south of Jashpur and Lohārdaga, with Singhbhum on the east.

7. *Bonāi.* Area: 1,297 square miles. Population: 32,120. It is the most southerly State, lying south of Gāngpur and Singhbhum.

8. *Kharsāwān.* Area: 149 square miles. Population: 35,470. This State lies within Singhbhum District.

9. *Sarāikela.* Area: 459 square miles. Population: 93,839. This State lies within Singhbhum District, and, with Kharsāwạn, occupies the space between Singhbhum proper and Dhālbum. The two are the most densely-populated of the Tributary States.

INDEX.

[The names of Provinces are in large capitals, as: **ORISSA**; Divisions in capitals, as: PATNA; Districts and Native States in small capitals, as: Bogra; Mountains and Passes in italic capitals, as: *DONKHIA*; Rivers, Canals and Lakes in italics, as: *Sone*; Towns, other place names, and general entries in ordinary Roman Type, as: Bogra.]